So wird Ihr Hund 20 Jahre alt

Hunde-Aging-Experte verrät, was Hunde und Welpen wirklich brauchen, um gesund zu bleiben und deutlich länger zu leben

Dr. Maximilian Weber

Dieses Werk einschließlich aller Inhalte ist urheberrechtlich geschützt. Alle Rechte und Übersetzungsrechte vorbehalten. Nachdruck oder Reproduktion (auch auszugsweise) in irgendeiner Form, sowie die Einspeicherung, Verarbeitung, Vervielfältigung und Verbreitung mit Hilfe elektronischer Systeme jeglicher Art, gesamt oder auszugsweise, sind ohne ausdrückliche schriftliche Genehmigung des Verlages untersagt. Alle Namen und Personen sind frei erfunden und Zusammenhänge mit real existierenden Personen sind rein zufällig. Alle Inhalte wurden unter größter Sorgfalt erarbeitet. Der Verlag und der Autor übernehmen jedoch keine Gewähr für die Aktualität, Korrektheit, Vollständigkeit und Qualität der bereitgestellten Informationen. Druckfehler und Falschinformationen können nicht vollständig ausgeschlossen werden.

Inhalt

Vorwort vii

1 Hund und Herrchen/Frauchen – eine besondere Bindung 1
   1.1 Warum bin ich Hundebesitzer? 2
   1.2 Glücksfaktor „Beziehung" 9
   1.3 Heutige Probleme mit artfremder Beschäftigung 24
   1.4 Fazit 43

2 Prävention: Vor der Lebensverlängerung kommen Pflege
   und Hilfe bei Erkrankungen/Notfällen 45
   2.1 Pflege des Hundes 46
   2.2 Umgang mit Erkrankungen beim Hund 55
   2.3 Erste Hilfe in Notfällen 67
   2.4 Fazit 84

3 Beschäftigung: Ja, aber bitte artgerecht! 87
   3.1 So gestalten Sie selbst eine artgerechte
      Hundebeschäftigung! 87
   3.2 Dem Stress entgegenwirken: Entspannungsübungen
      für Hunde 104
   3.3 Fitnessprogramm für Hunde 107
   3.4 Fazit 111

4 Ernährung – Was würde Ihr Hund bestellen? 113
   4.1 Grundlagen zur Hundeernährung 114
   4.2 Richtig barfen als ideale Ernährungsform 121

4.3 Achtung: Diese Futtermittel sind verboten! 135

4.4 Fazit 137

Schlusswort 139

Quellenverzeichnis 141

VORWORT

Für Sie als Hundehalter existieren zwei essenzielle Aspekte, die im Umgang mit Ihrem Hund wichtig sind: Erziehung und Alltagsgestaltung. Die Erziehung dient dem Zweck, dem Hund bestimmte Verhaltensweisen beizubringen, damit das Zusammenleben, sowohl im Haushalt als auch außerhalb, problemlos funktioniert. Die Alltagsgestaltung umfasst alle Maßnahmen, die sich auf die Lebensqualität des Hundes bezieht und einen Einfluss auf dessen Lebenserwartung haben. In diesem Ratgeber betrachten wir gemeinsam die Möglichkeiten zur Verlängerung des Hundelebens. Dieses Buch handelt nicht von der Erziehung des Hundes. Im Fokus stehen jene Maßnahmen, die ein gesundes und langes Hundeleben fördern. All diese Maßnahmen werden unter dem Begriff Alltagsgestaltung zusammengefasst, weil sie teilweise alltäglich präsent sind oder zumindest einen Einfluss auf den Alltag des Hundes ausüben. Hierzu gehören die Pflege sowie die Prävention von Erkrankungen, artgerechte Beschäftigung und artgerechte Ernährung.

Wieso sind es ausgerechnet diese drei Punkte, die das Hundeleben bedeutend verlängern können?

Bei der Pflege des Hundes handelt es sich um eine Präventionsmaßnahme. Zudem wirkt sie sich auf das Wohlbefinden und auf die Hygiene des Hundes aus. Sie durften bereits in der Geschichte der Menschheit beobachten und erfahren, welche gravierenden Folgen durch mangelnde Hygiene hervorgerufen werden können, wie z. B. die Entstehung von Seuchen. Zwar lassen Nachlässigkeiten in der Pflege des Hundes nicht automatisch Seuchen entstehen, aber bereits kleine Mängel können dazu führen, dass Entzündungen entstehen oder Anzeichen für Erkrankungen unbemerkt bleiben. Dies sind denkbar schlechte

Voraussetzungen für ein langes und gesundes Hundeleben. Sie werden in Kapitel 2 lernen, dass die Pflege des Hundes einfach sein und Spaß machen kann. Zudem sorgt sie, bei korrekter Ausführung, für eine erhöhte Lebenserwartung.

Eine artgerechte Beschäftigung ist für den Hund das Zweitwichtigste. Er benötigt Bewegung und Aktivität, um seine Sinne zu fördern, seinen natürlichen Instinkten nachgehen zu können und geistig sowie körperlich ausgeglichen zu sein. Heutzutage gibt es ein umfassendes Angebot, um Hunde zu beschäftigen. Doch viele Hundebesitzer wählen oft nicht die richtigen Angebote aus, weil sie sich vor dem Kauf nicht hinreichend mit der Thematik beschäftigen. Dies führt häufig zu einer Unter- oder Überforderung des Hundes. Was bedeutet das konkret für das Hundeleben? Es wird oxidativer Stress produziert, der das Erbgut verändern und somit Tumore entstehen lassen kann. Körperliche Schäden und ein erhöhter Knochenverschleiß sind weitere Folgen. Ohne es zu beabsichtigen, wird dem Hund von seinen Besitzern Schaden zugefügt, weil es an einer artgerechten Beschäftigung mangelt. Lernen Sie in diesem Ratgeber, wie Sie durch eine artgerechte Beschäftigung ideale Voraussetzungen für ein langes und erfülltes Leben Ihres Hundes schaffen!

Auch die artgerechte Ernährung stellt einen wesentlichen Faktor zur Gestaltung eines langen und gesunden Hundelebens dar. Zwar werden bei der Ernährung generell weniger Fehler von Herrchen und Frauchen gemacht, als bei der Beschäftigung des Hundes, jedoch besteht bei nahezu jedem Hundehalter Verbesserungspotential. Das größte Manko besteht in der fehlenden Abwechslung in der Ernährung. Dies hat einerseits einen Mangel einzelner Nährstoffe zur Folge und andererseits lässt es zudem den ohnehin gering ausgeprägten Geschmackssinn des Hundes verkümmern. Viele Anhänger der (grundsätzlich optimalen) BARF-Methode, bei der der Hund auf na-

Vorwort

türliche Weise mit frischer Rohkost ernährt wird, vergleichen den Verdauungstrakt des Hundes mit dem des Wolfes. Dies ist jedoch nicht korrekt, da die Bedürfnisse eines Haushundes an den Haushalt angepasst sind und er daher ganz andere Ansprüche hat, als ein wildes Jagdtier. Die Ernährungsinformationen dieses Ratgebers werden Ihnen einzelne Verbesserungspotenziale aufzeigen, die vermutlich zu einem Umdenken in Ihren bisherigen Ernährungskonzepten führen werden.

Letztlich sind es die vielen Details in allen drei Bereichen, die, summiert betrachtet, erheblich positive Auswirkungen auf die Lebenserwartung des Hundes haben können. Daher geht dieser Ratgeber in Kapitel 2 bis 4 auf die drei genannten Bereiche ein und beschreibt ausführlich, was in welcher Form gemacht werden sollte. Wie viel Sie davon umsetzen, bleibt Ihnen überlassen. Es lohnt sich jedoch, denn die Beziehung zwischen Herrchen bzw. Frauchen und Hund ist einzigartig. Deswegen befasst sich das erste Kapitel mit einer genauen Erörterung dieser Beziehung. Insbesondere gehen wir darauf ein, wieso der Hund die größte Wertschätzung seines Halters verdient. Schließlich fängt mit der Wertschätzung alles an: Je mehr Sie ein Lebewesen wertschätzen, desto mehr Initiative werden Sie ergreifen, um das Wohlbefinden dieses Lebewesens zu optimieren.

Wie viel Wertschätzung bringen Sie Ihrem Vierbeiner entgegen?

Dies werden Sie in diesem Buch erfahren. Die Wissenschaft jedenfalls macht Fortschritte und schafft die besten Denkansätze, um das Hundeleben zu verlängern. Zunehmend wird von generalisierenden Aussagen, wie z. B. dass ein Jahr im Leben eines Hundes mit sieben Jahren eines Menschen gleichzusetzen ist, Abstand genommen. Rassentypische Unterschiede rücken in den Fokus: Mittlerweile gilt die Erkenntnis, dass kleine Hunde in der Regel länger leben, als große. Aber beeindruckende

So wird Ihr Hund 20 Jahre alt

Einzelfälle, in denen Hunde über 20 Jahre alt werden, lassen weitergehende Kriterien zur Verlängerung des Hundelebens in den Fokus rücken. Diese Kriterien sind der Gegenstand dieses Buches.

Die Umsetzung der Ratschläge dieses Buches kann Ihnen nicht garantieren, dass Ihr Hund 25 Jahre alt wird. Aber wenn Sie auch nur ein einziges zusätzliches Jahr mit Ihrem geliebten Vierbeiner gewinnen, hat sich die die Mühe bereits gelohnt. Viel Erfolg dabei!

1 Hund und Herrchen/ Frauchen – eine besondere Bindung

Ist der Hund der beste Freund des Menschen? Wie viel Wahrheit in dieser Aussage steckt, darf jeder für sich selbst entscheiden. Wissenschaftler sind der Ansicht, dass verschiedene Tierarten nicht miteinander verglichen werden sollten, weder im Hinblick auf die Intelligenz noch im Hinblick auf andere Eigenschaften. Denn nicht nur einzelne Tierarten unterscheiden sich voneinander, sondern die einzelnen Tiere einer Spezies ebenso. Damit ist gemeint, dass jedes Tier eine eigene Persönlichkeit hat. Die Bindung zwischen Hunden und Menschen kann daher sehr besonders sein. Beide Wesen weisen eine eigene Persönlichkeit auf und haben somit besondere Merkmale. Dies kennen wir bestens aus dem Umgang mit Mitmenschen. Wir charakterisieren sie und ordnen ihnen Attribute zu, wie z. B. „hilfsbereit", „arrogant", „manipulativ", „selbstbewusst", „liebevoll" usw. - je nachdem, wie wir diese Person einschätzen. Allerdings zeigt sich im Umgang mit Menschen, dass wir uns hin und wieder von ersten Eindrücken, oder aufgrund anderer Aspekte, täuschen lassen. Bei einem Hund ist dies nicht möglich. Er ist authentisch! Mensch und Hund harmonieren in der Beziehung zueinander nahezu perfekt. Begründen lässt sich dies mit der Natur des Hundes. Er benötigt den Menschen als Bezugsperson. Eine Reise durch die Entwicklung, die Emotionswelt und die Anpassungsfähigkeit des Hundes gibt Ihnen Aufschluss darüber, warum die Bindung zwischen Menschen und Hunden so hervorragend funktioniert. Jedoch wird der Hund heutzutage teilweise sehr vermenschlicht, was sich z.B. in seinem überfüllten Beschäftigungsprogramm widerspiegelt und fatale Auswirkungen auf seine Gesundheit haben kann.

1.1 Warum bin ich Hundebesitzer?

Hundebesitzer, liebevoll und umgangssprachlich auch „Herrchen" oder „Frauchen" genannt, kann jeder gesunde und auf freiem Fuß lebende Mensch werden. Meistens hat die Anschaffung eines Hundes eine besondere Intention. So gibt es Fälle, in denen sich Personen einen Hund angeschafft haben, weil sie in ihrem Leben eine Lücke schließen wollten. Entweder fühlten sie sich einsam oder ihnen war langweilig. Die Anschaffung eines Hundes resultiert auch oft aus dem Wunsch der eigenen Kinder oder der ganzen Familie, bei denen der Haushalt um einen liebevollen Vierbeiner erweitert werden soll. Doch letztlich führt ein Hauptgrund zur Anschaffung eines Hundes: Bereicherung.

1.1.1 Unsere Bedürfnisse und die Auswirkung der Anschaffung eines Hundes

Die Bedürfnisse einer Privatperson weichen von denen eines Menschen, der Hunde zu beruflichen Zwecken hält, ab. Bei Letzterem steht der bloße Zweck (z. B. das Aufspüren von Drogen oder das Hüten von Tieren) im Vordergrund. Privatpersonen hingegen haben vielerlei Gründe für die Anschaffung eines Hundes. Die eigenen Bedürfnisse spielen dabei eine große Rolle. Zum Beispiel gibt es Personen, die durch die Anschaffung eines Hundes der Einsamkeit entfliehen möchten, oder Hundebesitzer, die durch die Aktivität mit dem Hund Körpergewicht verlieren möchten. Die Motive sind sehr unterschiedlich.

Hund und Herrchen

Die Bedürfnisse können sich im Laufe der Zeit verändern oder erweitern. Teilweise entstehen durch das Halten eines Hundes sogar neue Bedürfnisse. Eine Person, die bisher einsam gelebt hat und an einer Familie nicht interessiert war, kann durch die ihr entgegengebrachte Liebe des Hundes zu einem Umdenken und zur Gründung einer Familie bewogen werden. Dies führt also zu der Erkenntnis, dass eines der vielen Bedürfnisse des Menschen Liebe ist.

Die Suche nach Liebe konfrontiert den Menschen mit weiteren Bedürfnissen, die wiederum durch das Finden von Liebe befriedigt werden können:

- Geborgenheit
- Sicherheit
- Beständigkeit
- Zugehörigkeit
- Sinnhaftigkeit (des Lebens)
- Selbstwert
- Vertrauen
- Rückhalt

Liebevolle Gesellschaft, sowohl von anderen Menschen als auch von Tieren, kann all diese Bedürfnisse nicht abdecken. So kann der Lebenspartner beispielsweise aufgrund seines Lebensstils oder Berufs, falls diese besonders riskant sind, der Frau keine Sicherheit und Beständigkeit garantieren. Jedoch kann er aufgrund seines hohen Einfühlungsvermögens eine enorme Unterstützung in jeder Lebensphase ihres Lebens sein, indem er ihr Rückhalt gibt. Ebenso lässt sich der Sachverhalt auf den Hund übertragen: Während ein Hund als Welpe oder Junghund gerne mit seiner Bezugsperson kuschelte und somit Geborgenheit vermittelte, könnte als ausgewachsener Hund zwar groß und stark sein, und somit Sicherheit und Vertrauen spenden. Jedoch könnte es sein, dass das Kuscheln und die Geborgenheit dadurch zu kurz geraten. Inwieweit der Hund die einzelnen Bedürfnisse eines Menschen befriedigt und welche Bedürfnisse er überhaupt befriedigt, hängt von mehreren Faktoren ab. Für viele Personen ist die Rasse ausschlaggebend. Dabei werden die Hunde in Gruppierungen, wie z.B. klassische Kampfhunde, Hütehunde, Blindenhunde usw., unterteilt. Zwar hat diese Unterteilung eine grundsätzliche Berechtigung, da sie an der ursprünglichen Natur einer Hunderasse ausgerichtet ist. Aber inwiefern die Hunde ihre Natur ausleben können und auf welchem Wege sie in der Lage sind, bestimmte Bedürfnisse von Hundehaltern zu befriedigen, wird stark durch die Prägung des Hundes und dessen Erziehung sowie Lebensweise beeinflusst.

Das Wichtigste, das Sie zunächst wissen müssen, ist die Tatsache, dass Hunde von Wölfen abstammen und domestiziert wurden. Als Domestizierung werden innerartliche Veränderungsprozesse von Wildtieren (oder Wildpflanzen) bezeichnet, bei denen diese durch den Menschen über Generationen hinweg von der Wildform genetisch isoliert werden. Wildtiere werden durch Domestizierung zu Haustieren (und Wildpflanzen werden zu Kulturpflanzen). Als Haustiere sind Hunde demnach keine Jagdtiere mehr, sondern fühlen sich den Menschen von Natur aus zugehörig. Sie haben erstaunlich viele Charakter-Eigenschaften, die denen des Menschen ähneln.

Hinweis!

Die meisten Hundehalter informieren sich über die jeweiligen Rassen, bevor sie sich einen Hund anschaffen. Doch einige Hundehalter verfügen bereits über Vorwissen einer bestimmten Rasse, die sie favorisieren. Die Rasse wird in der Regel den eigenen Präferenzen und der eigenen Persönlichkeit angepasst, sodass bereits eine Basis dafür vorhanden ist, dass der Hund die Bedürfnisse des Hundehalters optimal befriedigen wird.

Eine angemessene Erziehung des Hundes stärkt diese Basis. In nahezu allen Fällen bestätigt sich die Anschaffung eines Hundes als eine richtige Entscheidung, weil sie eine mehrjährige und innige Beziehung zwischen Mensch und Hund entstehen lässt. Nur wenige Fälle, in denen der Hund mangelhaft erzogen wird, haben eine gescheiterte Beziehung zur Folge. Dementsprechend sollte Ihr erster Schritt sein, nach der Anschaffung eine ordentliche Erziehung des Hundes sicherzustellen. Die Hundeerziehung ist zwar nicht Gegenstand dieses Ratgebers, dennoch erfolgt hierzu ein Aufruf an Sie. Denn die ordnungsgemäße Erziehung hat nicht nur Einfluss auf Ihre Zufriedenheit mit der Beziehung zum Hund. Ebenso wird die Befriedigung des Hundes sowie dessen Bedürfnisse beeinflusst, was sich wiederum auf die Lebensdauer des Hundes auswirkt.

1.1.2 Was der Hund von uns benötigt

Der Hund benötigt, neben der Befriedigung der existenziellen Bedürfnisse, die für die Gesundheit wichtig sind, auch eine Berücksichtigung seiner emotionalen Ansprüche. Zu den existenziellen und gesundheitlich relevanten Bedürfnissen zählt einerseits die Nahrungsaufnahme und andererseits die Bewegung, damit der Hund mit lebenswichtigen Nährstoffen versorgt wird und psychisch ausgeglichen ist. Seine emotionalen Ansprüche weichen dabei nur unbedeutend von denen eines Menschen ab. Dieses Kapitel zeigt Ihnen an mehreren Stellen, mithilfe von Belegen und Argumentationen, wie deutlich sich ein Hund an seinen Besitzer anpasst. Dies ist der Fähigkeit zur Herausbildung einer individuellen Persönlichkeit zu verdanken.

Im Idealfall finden Sie in einem Hund einen Seelenverwandten, der kaum etwas von Ihnen erwartet. Denn die überwiegend übereinstimmenden Persönlichkeitsmerkmale zwischen

Ihnen und Ihrem Hund sorgen dafür, dass eine Befriedigung Ihrer Bedürfnisse oft direkt mit einer Befriedigung der Bedürfnisse des Hundes einhergehen:

- Kuscheln Sie gern mit dem Hund und haben diesen darauf konditioniert? Dann freut er sich, mit Ihnen zu kuscheln.
- Sind Sie mit dem Hund sportlich aktiv und achten auf dessen Fitnesslevel? Dann wird er der Aktivität mit Ihnen mit Begeisterung nachgehen und sich befriedigt fühlen.
- Sind Sie scheu und haben einen starken Hund an Ihrer Seite? Hier ergänzen sich die Gegensätze prächtig, da der Hund seinen Beschützerinstinkt durch die demonstrierte Stärke und den Schutz befriedigt, und Sie selbst sich geborgen fühlen.

Der Hund stellt geringe Ansprüche an Sie, gibt Ihnen jedoch umso mehr, da er sich an Ihren Bedürfnissen ausrichtet. Das Einzige, was er erwartet, sind Futter und ein Beschäftigungsprogramm. Diese Beschäftigung kann durch Spiele, Hundetrainings und anderen Aktivitäten erfolgen. Wichtig ist aber – und genau das ist ein Aspekt, der auf die Lebensdauer eines Hundes einen Einfluss nimmt – dass diese Beschäftigung artgerecht erfolgt. Wie Sie dies erfolgreich umsetzen, erfahren Sie im dritten Kapitel.

1.1.3 Meinungen von Forschung und Wissenschaft

Forschung und Wissenschaft können bei den verschiedensten Erkrankungen des Menschen eine Verbesserung des Krankheitsbildes sehen, wenn ein Hund vorhanden ist. Die Thesen basieren einerseits auf Beobachtungen und darauffolgenden

Auswertungen, andererseits auf einzelnen Erfahrungsberichten.

Hunde spielen eine große Rolle bei der Prävention und Therapie von Burn-out-Erkrankungen. Hierbei handelt es sich um eine psychische Erkrankung, bei der eine Person „ausgebrannt" ist. Infolge von übermäßigem Stress, zu viel Arbeit, Über- oder auch Unterforderung und einem fehlenden Ausgleich durch Entspannung kommt es zu einer starken Lustlosigkeit und einer schlechten Stimmung. Die betroffenen Personen sind teilweise geistig abwesend und mental wie gelähmt. Im Allgemeinen wird bei Personen, die an Burn-out leiden, von einer schlechten Work-Life-Balance gesprochen. Hunde regulieren die Work-Life-Balance. Das liegt an den geringen und überschaubaren Ansprüchen, die sie stellen, und an der Freude sowie Ablenkung, die sie Ihrem Halter dafür als Gegenleistung erbringen.

Die Hannoversche Allgemeine berichtet in einem Artikel über Hunde in Büros von Unternehmen, wie z. B. in einer Steuerberatungsgesellschaft, in einem Reisebüro und an einer Hotelrezeption. Wenn die Angestellten in das Büro kommen, drehe sich das erste Gespräch nicht um die Arbeit, sondern um die Hunde. So sinke das Stresslevel. Derselbe Artikel berichtet über eine Studie aus Schweden, die belegt, dass Hunde das Arbeitsklima verbessern und zu einer Senkung des Risikos von Depressionen und Burn-out beitragen. Verantwortlich dafür sei das Hormon Oxytocin, das beim Streicheln eines Hundes ausgeschüttet wird und den Stress mindert.[1]

Das Oxytocin führt nicht nur zu einer Senkung des Stresslevels, sondern setzt Empfindungen im menschlichen Gehirn frei, die

---

[1] https://www.haz.de/Nachrichten/Wissen/Uebersicht/Kann-Kollege-Hund-einen-Burn-out-verhindern

normalerweise bei Belohnungen auftreten. Oxytocin wird auch beim Kuscheln mit dem Partner ausgeschüttet. Demzufolge ist ein Hund, rein hormonell betrachtet, ein denkbarer Ersatz für Singles, wenn die Kuscheleinheiten fehlen. Forscher aus Japan veröffentlichen im Fachblatt *Science*[2] die aus ihrer Studie gewonnenen Erkenntnisse, dass nicht nur beim Streicheln eine Ausschüttung des Hormons Oxytocin freigesetzt wird, sondern auch bei intensivem Blickkontakt zwischen Herrchen oder Frauchen und Hund.

Die Forschungen von Wissenschaftlern gehen noch viel weiter. Im Rahmen von Therapien mit gestressten Studenten wurde festgestellt, dass bereits kurze Sitzungen mit zuvor unbekannten Hunden, positive Emotionen auslösen können. Hierzu wurden, wie im Science Daily[3] veröffentlicht, 246 Studenten untersucht, die die Hunde füttern, knuddeln und mit ihnen spielen durften. Die Forscher fanden heraus, dass sich die Studenten – selbst zehn Stunden später – stärker unterstützt und weniger gestresst fühlten sowie weniger negative Emotionen empfanden, als Studenten, die nicht an der Therapie teilnahmen.[4]

Letztlich werden nur wenige wissenschaftliche Studien durchgeführt, die sich mit der Beziehung von Mensch und Hund zueinander befassen. Die wenigen vorhandenen Studien unterstützen jedoch die Ihnen bisher dargelegten Ansichten zur Beziehung zwischen Mensch und Hund.

---

[2] https://science.sciencemag.org/content/348/6232/333
[3] https://www.sciencedaily.com/releases/2018/03/180312085045.htm
[4] https://www.sciencedaily.com/releases/2018/03/180312085045.htm

1.2 Glücksfaktor „Beziehung"

Wenn wir die Beziehung zwischen Mensch und Hund analysieren möchten, kommen wir nicht an den Worten Charles Darwins, einem berühmten Evolutionsforscher, vorbei. Als einer der ersten Wissenschaftler erkannte er die Bedeutung des Regenwurmes für die Erde, Pflanzenwelt und Menschheit. Zudem setzte er sich intensiv mit der Beziehung zwischen Menschen und Tieren auseinander, wobei er selbst eine große Zuneigung zu Hunden hatte. Diese fasste er in Worte und sprach dem Hund die besten Fähigkeiten unter allen Lebewesen zu, wenn es um das Entgegenbringen von Emotionen geht: „Aber selbst der Mensch kann Liebe und Demut durch äußere Zeichen nicht so deutlich ausdrücken wie ein Hund, wenn er mit hängenden Ohren, herabhängenden Lefzen, sich windendem Körper und wedelndem Schwanze seinem geliebten Herrn begegnet."

Sie haben es sicher schon mehrmals erlebt, wie Ihr Hund Sie vor Freude ansprang oder liebevoll Ihr Gesicht leckte. Falls Sie noch keinen Hund haben, sich aber einen anschaffen, dann werden Sie die Freude des Hundes, Sie nach einer Abwesenheit wiederzusehen, so erleben, wie Darwin es mit seinem Satz beschrieben hat. Zwar freuen sich auch Kinder, Ihre Eltern zu sehen. Doch bei uns Menschen ist die natürliche Entwicklung, dass wir „erwachsener" werden. Emotionen werden mit zunehmendem Alter in einer Kombination aus Vernunft und beigebrachten/angelernten Verhaltensregeln gezeigt. Beim Hund ändert es sich jedoch nie. Er wird Ihnen immer mit geballter Freude entgegenspringen, solange Sie sich liebevoll um ihn kümmern und ein guter Hundehalter sind.

Diese ausgeprägte Vorfreude des Hundes ist ein großer Zugewinn für den Menschen. Der Hund stellt für den Menschen eine positive Konstante dar, insbesondere nach anstrengenden

Arbeitstagen oder nach einem Tag mit vielen schlechten Nachrichten oder Ereignissen, die eine negative Stimmung begünstigen.

Jedoch drückt ein Hund nicht nur seine Verspieltheit und seine Freude dem Menschen gegenüber aus. Ein Hund kann auch komplett gegensätzliche Eigenschaften entwickeln. Es gibt Berichte über Hunde, die aggressiv sind und mit ihren Besitzern nicht harmonieren. Es stimmt, jeder Hund hat seine eigene Persönlichkeit, die, wie beim Menschen, zunächst entwickelt werden muss. Diese Tatsache macht eine Auseinandersetzung mit der „wahren Natur" des Hundes so interessant. Was verbirgt sich wirklich hinter der Beziehung zwischen Menschen und Hunden?

1.2.1 Wie viel Mensch steckt im Hund?

Zunehmend wird gesagt, der Hund werde vermenschlicht. Dies kann im positiven wie im kritischen Sinne aufgefasst werden. Für die Beziehung und die gegenseitige Interaktion zwischen Menschen und Hunden ist die Vermenschlichung vorteilhaft. Doch wie viele menschliche Attribute hat der Hund und wie stark sind diese? Wie stark ist der Einfluss, den ein Mensch auf die Entwicklung des Hundes nehmen kann? Und sind Hunde überhaupt in der Lage, tiefgreifende Gefühle für uns Menschen zu empfinden?

1.2.1.1 Der Hund ist das Spiegelbild seines Besitzers – bekanntes Sprichwort im Faktencheck

Womöglich wird Ihnen der Spruch bekannt sein, der besagt, dass der Hund das Spiegelbild seines Besitzers ist. Der Spruch ist über Staatsgrenzen hinweg in vielen Nationen der Welt exakt in dieser oder einer ähnlichen Formulierung vorhanden und ist insbesondere auf die charakterlichen Züge bezogen. Einige Personen sprechen dem Hund und seinem Besitzer, auf Basis dieses Spruches, sogar äußerliche Ähnlichkeiten zu.

Unser Interesse ist jedoch vordergründig auf den Charakter ausgerichtet: *Ist der Hund das Spiegelbild seines Besitzers?*

Um eine Antwort auf diese Frage zu finden, sind die Forschungsergebnisse des Psychologie-Professors der Universität von Texas, Samuel Gosling, hilfreich. Er rekrutierte, um u. a. dieser Frage nachzugehen, 78 Hundehalter auf einem Hundeübungsplatz, die dazu aufgerufen wurden, die Persönlichkeit ihres Hundes sowie ihre eigene einzuschätzen. Sie mussten vier verschiedene Persönlichkeitseigenschaften auf Skalen zwischen zwei verschiedenen Extremen einordnen[5]: Von aktiv bis faul, von friedfertig bis aggressiv, von ängstlich bis gelassen und von intelligent bis dumm. Des Weiteren befragte Gosling noch eine außenstehende Partei, nämlich Bekannte des jeweiligen Hundehalters und Hundes. Diese mussten sowohl dem jeweiligen Menschen als auch dem dazugehörigen Hund dieselben vier verschiedenen Persönlichkeitseigenschaften zuordnen. Letztlich wurden den Tieren Aufgaben gestellt, um die zuvor zugeordneten Charakterzüge zu bestätigen oder zu verwerfen. Im Ergebnis zeigte sich eine auffallend hohe Übereinstimmung aller drei Testreihen. Während eines Kongresses, auf dem der Forscher Gosling seine Ergebnisse vorstellte, traf er eine wichtige Aussage, die den Spruch, der Hund sei das Spiegelbild seines Besitzers, relativiert: „Sie (Herrchen/Frauchen und Hund) beeinflussen sich gegenseitig und gleichen sich langsam an."

Daraus lässt sich beispielsweise schlussfolgern, dass ein selbstbewusster Hund einer schüchternen Person zu mehr Selbstbe-

---

[5] https://www.welt.de/print-welt/article495253/Das-Wesen-des-Hundes-aehnelt-dem-des-Menschen.html

wusstsein verhelfen kann. Dies liegt z. B. an Situationen, in denen der Halter aus seiner zurückhaltenden Position in die Offensive gehen muss, um den lebendigen und kontaktfreudigen Hund zurückzuhalten. Gleichzeitig sorgt das zurückhaltende Gemüt des Halters dafür, dass der Hund mehr in Balance kommt.

Doch es gibt auch Eigenschaften, in denen Hund und Herrchen oder Frauchen sich nicht angleichen müssen, weil sie von Beginn an nahezu perfekt zueinander passen. Somit ist der Hund nicht nur das Spiegelbild seines Besitzers, sondern der Besitzer ist zum Teil auch ein Spiegelbild seines Hundes. Zweifellos aber nimmt der Mensch eine dominantere Position in der Beziehung ein, weswegen sich mehr von seinen Eigenschaften auf den Hund übertragen. Bei dieser Erörterung lässt sich eine faszinierende Parallele der Mensch-Hund-Beziehung feststellen: Ähnelt die dominante Position des Menschen sowie die Übertragung seiner zentralen Persönlichkeitsmerkmale nicht auch der Erziehung eines Kindes?

Ein kleiner Exkurs erläutert dies näher: Eltern erziehen ihre Kinder nach dem eigenen Vorbild. Neuesten wissenschaftlichen Erkenntnissen zufolge ist jedoch nicht die Erziehung allein für die Entwicklung des Kindes verantwortlich, sondern es sind auch die Einflüsse durch die Umwelt, die sich auf die Persönlichkeit im Jugend- und frühen Erwachsenenalter auswirken.[6] Geht es aber rein nach den Eltern, dann wird das Kind mit den von ihnen als richtig angesehenen Persönlichkeitseigenschaften aufgezogen. Das Kind wird entweder zu Zurückhaltung oder Dominanz, zu Faulheit oder Aktivität, zu Bescheidenheit oder Arroganz bzw. zu einem gesunden Selbstbewusstsein erzogen. Das neue Wechselbeziehungsmodell der Psychologie sagt aus,

---

[6] https://www.spiegel.de/wissenschaft/mensch/vererbung-und-erziehung-wie-eltern-ihre-kinder-praegen-a-325984.html

dass nicht mehr nur eine Beeinflussung der Kinder durch die Eltern stattfindet. Vielmehr liegt eine gegenseitige Beeinflussung von Eltern und Kindern vor. Das Wechselbeziehungsmodell ist auf folgende Aussagen gestützt:

- Autoritäre Mütter und schwierige Kinder würden sich im Rahmen eines spiralförmigen „Aufschaukelungsprozesses" immer mehr zu einem autoritär-aggressiven Paar entwickeln.
- Tolerante Mütter und schwierige Kinder hingegen würden sich eher nicht aggressiv entwickeln.
- Ebenso würde eine autoritäre Mutter ein „einfaches" (nicht aggressives) Kind nicht unbedingt aggressiv machen.

Quelle: Spiegel.de[7]

Dieser Exkurs zur Kindererziehung stärkt den Eindruck von Parallelen zur Erziehung eines Hundes. Auch der Verhaltensbiologe, Tierkommunikator und Autor, Laurent Amann, äußert sich passend zur Mensch-Hund-Beziehung[8]: „Der Hund und sein Besitzer bilden eine Einheit. Sie sind wie Mutter und Baby. Wenn die Mutter nervös ist, ist das Baby auch nervös."

Zwischen der Erziehung eines Hundes und der Erziehung eines Kindes existieren zwei entscheidende Parallelen: Zum einen übernimmt die Bezugsperson – meistens der Hundehalter bzw. ein Elternteil – die dominantere Position und prägt somit das zu erziehende Lebewesen mit seinen eigenen Persönlichkeitseigenschaften. Zum anderen findet bei abweichenden

---

[7] https://www.spiegel.de/wissenschaft/mensch/vererbung-und-erziehung-wie-eltern-ihre-kinder-praegen-a-325984.html
[8] https://www.kosmo.at/der-hund-ist-der-spiegel-seines-besitzers/

Persönlichkeitseigenschaften eine Anpassung zwischen beiden Lebewesen statt.

1.2.1.2 Die Prägung entscheidet – bei Mensch und Hund!

Faszinierend, jedoch teilweise schockierend, ist, dass das Lebewesen, mit dem der Mensch oder der Hund während der Prägungsphase jeweils Kontakt hat, zur bevorzugten Bezugsperson wird. Dass dies auf die Mensch-Hund-Beziehung zutrifft, ist schon seit langer Zeit bekannt. Aber dass dies auch auf den Menschen zutrifft, wurde durch ein einen schockierenden Fall von Kindesvernachlässigung deutlich, der Ihnen in Kürze näher geschildert wird.

> **Kurzer Einblick...**
>
> Unter der Prägungsphase – oder einfach Prägung genannt – ist ein Prozess zu verstehen, während dessen sich ein Lebewesen das Bewusstsein dafür aneignet, zu welcher Spezies es gehört. Der Begriff wurde von Konrad Lorenz, einem Verhaltensforscher und Nobelpreisträger, der von 1903 bis 1989 lebte, eingeführt. Aufgrund seiner bevorzugten Versuche an Graugänsen wurde er als „Gänsevater" bezeichnet. Er stellte bei Graugänsen den folgenden grundlegenden Mechanismus fest: Die Prägung. Diese enthält, mit der sogenannten kritischen Phase, einen Zeitraum, in dem das Tier lernt, mit wem es sich anfreunden soll. Normalerweise sind es die Eltern. Sobald jedoch andere Bezugspersonen oder Lebewesen einer anderen Spezies vorhanden sind, finde eine Prägung durch diese statt.

Dies bedeutet im Klartext, dass sich ein Lebewesen bevorzugt mit der Spezies abgibt und deren Eigenschaften sowie Verhaltensweisen adaptiert, von der es geprägt wird. Wenn also ein Hund unter Menschen aufwächst, betrachtet er hauptsächlich diese als seine Bezugspersonen. Wächst er hingegen in freier

Wildbahn auf, dann ist eine Zähmung nur unter erschwerten Bedingungen möglich.

Hierin verbirgt sich das mutmaßliche Geheimnis der Abstammung des Hundes vom Wolf. Es gibt keine eindeutigen Belege, jedoch bauen sämtliche Vermutungen auf der Theorie der Prägung auf:

- Erik Ziemen vermutet, dass Frauen ihre Babys zusammen mit Wolfswelpen aufzogen und dabei auch die Wolfswelpen mit ihrer Muttermilch versorgten. Die Welpen, die aggressiv waren, wurden getötet. Die freundlichen Welpen wiederum wurden großgezogen und weitergezüchtet. So entstand nach und nach der Hund.
- Norbert Benecke vertritt die Meinung, dass die ersten gezielten Wolfszähmungen vor 40.000 Jahren stattfanden. Diese These wurde durch historische Funde unterstützt. Während die gezähmten Wölfe beim Menschen blieben, flohen die ungezähmten.
- Dem „Nowosibirischen Farmfuchsmodell" von Miklósi zufolge, hat der Mensch zunächst Wölfe gezähmt und dann durch Zufall domestiziert. Diese Theorie wird an ein Experiment mit 130 Silberfüchsen angelehnt, im Rahmen dessen die zutraulichsten Welpen ausgewählt wurden und bei den Menschen blieben. Ab der achten Generation machten sich Veränderungen in Fell, Gliedmaßen, Schwänzen und weiteren Körperteilen bemerkbar.

Quelle: Affe trifft Wolf (2012)[9]

---

[9] Bloch, G.; Radinger, E. H.: Affe trifft Wolf, S. 43ff.

Heute scheint sich an dieser These nichts in signifikantem Ausmaß verändert zu haben. Eine Studie, die im Buch ... *und wenn es doch Liebe ist?* (2019)[10] angeführt wird, ließ Hundewelpen unter zwei verschiedenen Rahmenbedingungen der Prägung aufwachsen. Eine Gruppe von Welpen hatte eine Woche lang täglich 90 Minuten lang Kontakt zu Menschen. Die andere Gruppe der Welpen traf bis zum Alter von 14 Wochen nicht auf Menschen. Die Welpen der ersten Gruppe vertrugen sich im Anschluss an die Studie gut mit Menschen, die Welpen aus der zweiten Gruppe wiederum waren nicht zahm und ließen sich auch in der Folge nicht zähmen.

Ein realer Fall von Kindesvernachlässigung verschafft einen Eindruck darüber, wie sehr die Prägung auch auf den Menschen zutrifft. Die fünfjährige Natascha wuchs zwei Jahre in einer verwahrlosten Wohnung auf. Ihr Vater, Ihre Großmutter und andere Verwandten, die mit dem Mädchen zusammenlebten, kümmerten sich nicht um sie. Stattdessen lebte die kleine Natascha in der Gesellschaft von fünf Hunden und vier Katzen. Nachdem sie von Mitarbeitern des Jugendamtes aus diesen Lebensumständen befreit wurde, konnten die Pädagogen des Kinderheimes ein menschenuntypisches Verhalten bei ihr feststellen. Sie verständigte sich durch Bellen, spielte nicht mit Kindern und leckte die Teller einfach ab, anstatt Gabel oder Löffel zu benutzen.[11]

Wie viel Mensch also im Hund steckt, kommt darauf an, wie dieser aufgewachsen ist und wie er erzogen wurde. Aufgrund der Domestizierung ist der Hund an unsere Spezies gewöhnt und fühlt sich uns Menschen zugehörig. Er ist auf den Men-

---

[10] Wynne, C.: ... und wenn es doch Liebe ist?, S. 198.
[11] https://www.welt.de/vermischtes/article3821198/Natascha-aufgewachsen-unter-Hunden-und-Katzen.html

schen geprägt. Wir sind die fehlende Komponente, die der Hund für sein Leben benötigt und auch haben möchte.

1.2.1.3 Das passende Puzzleteil

Es erscheint nahezu wie ein passendes Puzzleteil, das lange gefehlt hat und nun ergänzt wird, wenn der Hund mit einem Herrchen oder Frauchen vereint wird. Passend dazu berichtet Clive Wynne in ihrem Buch *... und wenn es doch Liebe ist?* (2019) von Ereignissen, die sie selbst gesehen hat. Dabei erwähnt sie, wie sie in den Stadtparks von Moskau bis Tel Aviv Hunde beobachtete, die sich in den verschiedensten Lebenssituationen befanden. Einige von ihnen waren von ihren Haltern liebevoll umsorgt und hatten Spaß mit ihnen, während jedoch die Straßenhunde auf sich alleine gestellt waren. Doch auch die Straßenhunde trieb es immer wieder in die Nähe von Menschen. Wann immer sie dem Drang nach der Futtersuche widerstanden, suchten sie die Gegenwart von Menschen auf.[12]

Ein interessanter Satz, den Darwin einst niederschrieb und der sich hervorragend in diese Beobachtungen einfügt, lautet: „Es ist wohl kaum zu bezweifeln, dass die Liebe zum Menschen beim Hund zu einem Instinkt geworden ist."

Dies ist ein Satz, mit dem nahezu jede Person etwas anfangen kann! Denn diejenigen, die behaupten, Hunde könnten keine Emotionen spüren und hätten keinen Verstand, sondern lediglich einen Instinkt – dies ist eine weit verbreitete These – werden mit dem Satz von Darwin ebenso angesprochen wie die Personen, die die These vertreten, dass Hunde sehr wohl Emotionen spüren und einen Verstand haben. Letztlich zeigt sich die Zugehörigkeit des Hundes zum Menschen auf verschie-

---

[12] Wynne, C.: ... und wenn es doch Liebe ist?, S. 90.

denen Ebenen. Ein Vergleich von unter Menschen aufgezogenen Wölfen mit von unter Menschen aufgezogenen Hunden zeigte, dass die Ausschüttung des Hormons Oxytocin, die im Abschnitt 1.1.3 bereits thematisiert wurde, lediglich bei der Interaktion von Menschen mit Hunden ausgeschüttet wird. Dabei erfolgt die Ausschüttung sowohl beim Menschen als auch beim Hund.[13] Obwohl also der Hund vom Wolf abstammt, ist er mittlerweile ein grundlegend anderes Lebewesen. Er wird sich womöglich unter seinesgleichen wohlfühlen, aber vor oder direkt nach seinesgleichen sind wir Menschen seine Bezugspersonen. In einem Wolfsrudel wäre ein Hund heutzutage fehl am Platz.

In der freien Wildbahn ist er nicht mehr heimisch. Als Haustier ist der Hund auf ein Herrchen oder Frauchen angewiesen. Wir Menschen sind das fehlende Puzzleteil für den ihn. Auch wir Menschen schöpfen an mehreren Stellen Vorteile aus der Beziehung zu einem Hund.

1.2.2 Emotionale Intelligenz von Hunden

Die emotionale Intelligenz von Hunden darf nicht mit der des Menschen verglichen werden. Der Grund dafür sind die artübergreifenden Unterschiede, die insbesondere in der Stärke der Ausprägung bestehen. Hunde sind es gewohnt, zu beobachten und Momente/Situationen energetisch wahrzunehmen. Sie lernen auf diesem Wege, „positive" und „negative" Emotionen zu unterscheiden.[14] Um eine solche Differenzierung vornehmen zu können, sind Hunde auf eine Entwicklung und die richtige Erziehung angewiesen. Hier sind Parallelen zur Entwicklung von

---

[13] https://www.spiegel.de/wissenschaft/natur/hund-und-mensch-kuschelhormon-oxytocin-staerkt-die-bindung-a-1029010.html
[14] Bloch, G.; Radinger, E. H.: Affe trifft Wolf, S. 94.

Emotionen bei Menschen im Kindesalter zu erkennen. Denn auch Kinder beobachten und nehmen Situationen energetisch wahr. Letztlich ist ein Hund durchaus imstande, sich um einen Menschen zu sorgen. Dies drückt sich beispielsweise dadurch aus, dass er nervös wird oder sich beschützend verhält, wenn sich sein Halter in einer (aus der Sicht des Hundes) gefährlichen Lage befindet. Zudem kann ein Hund seinem Halter auch Gefühle, wie beispielsweise Liebe, entgegenbringen.

1.2.2.1 Kann sich ein Hund um den Menschen sorgen?

Dass ein Mensch für seinen Hund sorgt, steht in der Regel außer Frage. Vereinzelte Berichte über psychisch kranke oder anderweitig gestörte Menschen, die Ihren Hund mit Absicht quälen, werden an dieser Stelle nicht berücksichtigt. Der Mensch sorgt für seinen Hund, weil der Hund einerseits auf die Fürsorge angewiesen ist, andererseits nimmt der Mensch diese Mühe auf sich, weil er die Verantwortung für ein Lebewesen übernommen hat. Doch der Hund gibt seinem Menschen im Gegenzug auch Gesellschaft, Trost in schwierigen Zeiten bzw. Lebensphasen, Spaß, Zeitvertreib und vieles mehr. Doch ist es möglich, dass sich der Hund, im Rahmen seiner emotionalen Möglichkeiten, ebenfalls um einen Menschen und dessen Wohl sorgen kann? Was bedeuten wir dem Hund aus seiner Sicht? Sind Herrchen und Frauchen dem Hund wichtig oder sind sie nur ein Mittel zum Zweck, um zum Beispiel an Futter zu gelangen?

Die Wissenschaft kann keinen Nachweis dafür erbringen, dass sich der Hund um den Menschen sorgt. Ebenso kann sie nicht erklären, warum sich ein Hund um den Menschen sorgt. Es lässt sich also nur mit Vermutungen begründen/stützen. Viele Studien hierzu gibt es jedoch nicht. Doch ungarische Forscher wagten sich u. a. im Rahmen einer Studie[15] an die Frage heran, ob Hunde imstande sind, so etwas wie Sorgen zu empfinden. Uns Menschen mag es so erscheinen, dass Hunde stets fest und ruhig schlafen. Tatsächlich ist es gemäß der Feststellungen der ungarischen Forscher jedoch so, dass das Stresslevel bei Hunden ansteigt, wenn sie vor dem Schlafengehen von einem Fremden berührt werden. Bei einer Berührung durch das eigene Herrchen oder Frauchen ist es hingegen anders: Der Hund zeigt sich größtenteils beruhigt und schläft friedlicher ein. Er erreicht schneller die Tiefschlafphase und die Wahrscheinlichkeit an Schlafstörungen zu leiden, ist geringer.[16]

Hunde sind dieser Studie zufolge also in der Lage, sich zu sorgen. Ob dies eine Leistung des Verstandes ist oder des Instinktes, ist nicht geklärt. Doch dies ist letztlich auch irrelevant. Denn wenn ein Hund darauf konditioniert werden kann, nur bei der Berührung durch Herrchen oder Frauchen beruhigt einzuschlafen, so lässt er sich ebenso darauf konditionieren, wahrzunehmen, wann Sie welche Form seiner Gesellschaft benötigen. Im Welpenalter wird der Hund nicht in der Lage sein, durch Instinkt oder Verstand zwischen Trauer, Freude und Wut bei Ihnen zu differenzieren. Aber ist das bei uns Menschen nicht genauso? Wenn wir älter sind, lernen wir zu differenzieren. Einigen gelingt das besser als anderen; diesen Personen wird eine hohe zwischenmenschliche Intelligenz nachgesagt. Jedoch lernen wir alle dazu. Dies trifft auf Hunde scheinbar genauso zu, denn anders lässt es sich nicht erklären, dass ein Hund ein zunehmend rücksichtsvolles Verhalten zeigt, je mehr er aus dem Welpenalter herauswächst:

---

[15] https://royalsocietypublishing.org/doi/full/10.1098/rspb.2017.1883#sec-9
[16] https://royalsocietypublishing.org/doi/full/10.1098/rspb.2017.1883#sec-9

- Er zieht sich zurück, wenn Sie schreien oder wütend sind. Mit zunehmendem Alter zeigt er sich dabei weniger ängstlich. Stattdessen geschieht dies mit einem Ausdruck von Ruhe, was Ihnen den Raum für sich selbst gibt.
- Er lehnt sich bei Ihnen an, wenn Sie weinen und angeschlagen sind. Je älter er wird, desto selbstbewusster und entschlossener kommt er zu Ihnen, da er nun schnell erkennt, wenn Sie weinen, und sofort weiß, dass Sie sich nicht gut fühlen.
- Er differenziert zwischen einem Herrchen oder Frauchen, das an einem Tag gut gelaunt und aktiv ist und einem Herrchen oder Frauchen, das an einem anderen Tag deprimiert und weniger aktiv ist.
- Aber eines bleibt gleich: Die Euphorie, Sie zu sehen und auf Sie zuzulaufen – insbesondere dann, wenn auch Sie ihn erblicken, auf ihn zukommen und nur einen winzigen Hauch von Freude auf ein Wiedersehen ausstrahlen!

Kurzer Einblick…

Die Leser, die sich gefragt haben, wie ein „Ausdruck von Angst" bei einem Hund aussehen mag, werden möglicherweise verwundert sein, dass die Mimik des Hundes Parallelen zu der des Menschen aufweist. Hierzu wird im Buch … *und wenn es doch Liebe ist?* (2019) ein interessantes Experiment beschrieben, das von den Forschern des Pennsylvania Department of Corrections der Walden University, Tina Bloom und Harris Friedmann, durchgeführt wurde. Sie zeigten 50 Personen Gesichtsausdrücke von verschiedenen Hunden. Von den 50 Studienteilnehmern hatten 25 Erfahrung im Umgang mit Hunden, die anderen 25 Studienteilnehmer hatten noch nie tiefergehenden Kontakt zu Hunden. Die Teilnehmer sollten sieben Gesichtsausdrücke von Hunden, die von einem professionellen Fotografen angefertigt wurden,

> verschiedenen Emotionszuständen zuordnen. Alle Teilnehmer lagen größtenteils richtig mit der Zuordnung.[17]

Ein Hund ist also in der Lage, Emotionen zu zeigen. Zu klären bleibt die Frage, ob sich der Hund wirklich sorgt oder ob er nicht doch aus Eigennützigkeit handelt.

Zahlreiche Experimente untersuchten, ob ein Hund dem Menschen helfen würde, wenn sich dieser in Not befände. Beispielsweise wurde eine Studie durchgeführt, in der zunächst damit begonnen wurde, dass Hundehalter ihren Hunden einen Herzinfarkt vortäuschten und zu Boden fielen. Die Hunde unternahmen jedoch nichts. Aufgrund von Kritik an dieser Studie wurde das Experiment in modifizierter Form erneut durchgeführt. In dieser veränderten Form fiel ein Bücherregal auf die Besitzer und sie riefen um Hilfe. Am Ergebnis änderte sich nichts. Auch hier unternahmen die Hunde nichts.

Ergebnisse wie diese gibt es auffällig häufig, was die Meinungen von Kritikern/Zweiflern an der Fürsorgefähigkeit des Hundes unterstützt.

Die Hilfsbereitschaft eines Hundes kann nur in realen Fällen am besten geprüft werden. Hier sorgen Geschichten, wie die eines Hundes, der seine Besitzerin im Jahr 1940 aus den Trümmern eines Hauses rettete[18], für Aufmerksamkeit. Hunde können weitaus intelligenter sein, als es allgemein vermutet wird. Sie sind unter Umständen sogar in der Lage, gestellte/inszenierte Experimente zu erkennen und nicht mitzuwirken. Der individuelle Entwicklungsstand und die individuelle Intelligenz eines Hundes können dazu führen, dass ein Hund dem

---

[17] Wynne, C.: … und wenn es doch Liebe ist?, S. 93ff.
[18] Wynne, C.: … und wenn es doch Liebe ist?, S. 111.

Menschen gegenüber besonders fürsorglich oder weniger fürsorglich ist. Die wahren Begebenheiten lassen jedoch darauf schließen, dass Hunde in der Lage sind, sich für den Menschen zu sorgen und sich selbstlos für ihn aufzuopfern. Ob die Hunde aus Eigennutz handeln oder ausschließlich zum Wohle des Menschen, ist dabei nebensächlich. Denn schließlich sorgen wir Menschen ebenfalls aus Eigennutz für unsere Liebsten. Wir möchten den Liebsten/die Liebste in unserem Leben behalten und damit verhindern, dass eine Lücke entsteht. Zudem möchten wir, dass wir uns mit dieser Person gut verstehen, weil wir sonst unglücklich sind. Eigennutz ist ein weit auslegbarer Begriff. In irgendeiner Form sorgen Hunde jedoch für uns – und das sogar sehr gut! Letztlich ist dies das Wichtigste!

1.2.2.2 Das, was wir Liebe nennen…

In der Beziehung zwischen Mensch und Hund schwingt zumindest ein Hauch dessen mit, was wir Menschen Liebe nennen. Doch was ist überhaupt Liebe? Kann wirklich davon gesprochen werden, dass zwischen einem Menschen und einem Hund Liebe, als tiefgreifende Emotion, herrscht? Zwischen uns Menschen gibt es verschiedenste Definitionen/Interpretationen von Liebe. Dies kann auch auf Interaktionen mit anderen Lebewesen übertragen werden. Einige Menschen verstehen unter Liebe zum Beispiel u. a., dem Partner zu widersprechen und ihm dadurch neue Sichtweisen zu eröffnen, damit er sich hinterfragt. Teilweise wird dies sogar mit Nachdruck durchgesetzt. Währenddessen sind andere Menschen einer komplett anderen Auffassung und definieren es als Liebe, den Partner bei allen Vorhaben zu unterstützen und ihn „er selbst" sein zu lassen, ohne ihn verändern zu wollen. Die Definition von Liebe ist jeweils vom Individuum abhängig. Sie wird u. a. durch dessen Lebensgeschichte beeinflusst.

Was bedeuten diese Ausführungen für die Beziehung zwischen Mensch und Hund?

Sie geben die Antwort darauf, wieso die Beziehung zwischen Menschen und Hunden tatsächlich von einer gewissen Art von Liebe geprägt ist. Einerseits bringen Hunde, u. a. aufgrund ihrer Hingezogenheit zum Menschen, wichtige Aspekte für den Aufbau einer tiefgreifenden emotionalen Bindung mit. Andererseits sind Hunde imstande, sich dem jeweiligen Menschen anzupassen. Somit stellen sie die optimale emotionale Komponente für Herrchen oder Frauchen dar.

1.3 Heutige Probleme mit artfremder Beschäftigung

Was haben all die bisherigen Erkenntnisse mit einer Lebensverlängerung des Hundes zu tun?

Dadurch, dass wir einen umfangreichen Einblick in die Beziehung zwischen Menschen und Hunden genommen haben, wurde Ihr Bewusstsein dafür geschärft, eine ausgeprägte Wertschätzung für Ihren Vierbeiner zu entwickeln. Ohne Wertschätzung mangelt die Qualität der Fürsorge, was zu schlechten Voraussetzungen führt, dem Hund ein gesundes, erfülltes und somit langes Hundeleben zu ermöglichen. Haben Sie ein hohes Maß an Wertschätzung für den Hund? Sehr gut. Das ist schon mal ein richtiger Schritt! Es kann allerdings zu viel der Wertschätzung sein…

Zu viel Wertschätzung ist dann gegeben, wenn Herrchen oder Frauchen der Ansicht sind, der Hund müsse permanent beschäftigt werden. Dies führt zu einem Überfluss an Umweltreizen und Beschäftigungsprogrammen. Meistens sind diese

Beschäftigungen nicht artgerecht und schaden dem Hund. Körperliche sowie psychische Probleme sind mögliche Konsequenzen, die sich wiederum negativ auf die Lebenserwartung des Hundes auswirken.

Die heutigen Möglichkeiten, seinen Vierbeiner zu beschäftigen, sind vielfältig. Diese reichen von speziellen Spielzeugen über verschiedene Hundetrainings bis hin zu einem großen Angebot an Kursen und Tutorials im Internet. Das reichhaltige Angebot scheint den Hund eher zu überfordern und uns vor Entscheidungsschwierigkeiten zu stellen, als dass es uns die richtigen Wege aufzeigen würde. Daher ist es wichtig, die Angebote zu sondieren und die Auswahl für bestimmte Produkte, Dienstleistungen oder Aktivitäten mit Bedacht zu treffen. Wie weitreichend falsche Entscheidungen sein können, zeigt ein Überblick über die Konsequenzen eines nicht artgerechten Umgangs mit dem Vierbeiner:

- Überlastung und daraus resultierende gesundheitliche Probleme
- Psychische Erkrankungen als Folge einer nicht artgerechten Beschäftigung des Hundes
- Aggressionen des Hundes aufgrund des falschen Umfeldes und falscher Gruppenkonstellationen bei Aktivitäten

Dies ist nur ein oberflächlicher Einblick in drei negative Folgen falscher Beschäftigungen für Hunde. Heutzutage leiden Hunde vermehrt unter denselben Beschwerden, wie wir Menschen, wie zum Beispiel Fettleibigkeit, Depressionen, Burn-outs (Ja, auch Hunde können diese psychischen Erkrankungen bekommen!), Überlastung u. v. m.

Wie kann man diesen Beschwerden entgegenwirken und dem Hund eine artgerechte Beschäftigung bieten, die ihn fordert, aber nicht überfordert? Dies wird Ihnen das Kapitel 4 ausführlich erläutern. In diesem Teil des Ratgebers blicken wir lediglich auf die Chancen und Risiken der Angebote zur Hundebeschäftigung. Dadurch werden Sie dafür sensibilisiert, die Angebote differenziert und aus verschiedenen Perspektiven zu betrachten. Der wichtigste Aspekt ist, der Vermenschlichung entgegenzuwirken und dem Hund die Rückkehr zu seinen natürlichen Wurzeln zu ermöglichen.

1.3.1 Risiken der heutigen Angebote

Um Sie dafür zu sensibilisieren, wie schädlich die heutzutage verfügbaren Produkte und (Trainings-)Programme sein können, beginnt unsere Bewertung mit einer Prüfung der Risiken.

1.3.1.1 Spielzeug

Spielzeug-Typ	Beispiele für Produkte	Primärer Nutzen
Intelligenzspielzeug	• Schnüffelteppich • Strategiespiele • Memory-Trainer	Förderung der Sinneswahrnehmungen
Zerrspielzeug	• Tau • Seile mit Saugnapf	Optimierung der Kraft
Wurfspielzeug	• Stöckchen aus der Natur oder aus der Industrie • Bälle • Apportier-Dummy	Bewegung

Kauspielzeug	• Knochen • Bälle mit Zahnpflege-Funktion • Figuren aus z. B. Naturkautschuk	Training des Gebisses
Kuschelspielzeug	• Plüschtiere • Decken	Komfort

Unter den Spielzeugen gibt es Kombiprodukte, die sich zu mehreren Zwecken einsetzen lassen. Darüber hinaus hat jedes der genannten Spielzeuge einen grundlegenden Nutzen, der in der Tabelle nicht erwähnt wurde: Den Zeitvertreib. Ein Problem besteht jedoch, wenn sich der Hund für die ihm angebotenen Spielzeuge nicht interessiert. Einige Rassen, wie etwa der Akita, entwickeln beispielsweise gar kein Interesse für körperliche Aktivitäten.

> **Kurzer Einblick…**
>
> Der Akita kommt ursprünglich aus Japan. Dort wurde er in den vergangenen Jahrhunderten als Jagdhund bei der Bärenjagd eingesetzt. Stand er einem Bären gegenüber, musste er in kürzester Zeit selbst Entscheidungen treffen, ohne auf die Befehle seiner Besitzer zu warten. So haben sich einschlägige Persönlichkeitsmerkmale herauskristallisiert, die bis heute die Rasse der Akita prägen. Es handelt sich um Hunde, die mutig, robust und stark sind, aber einen Eigensinn haben, der den Besitzern den Umgang erschwert. Akitas wägen den Nutzen einer Aktivität für sich persönlich ab. Ist kein Nutzen gegeben, dann stellen sie die Aktivität meist schnell ein. Das Paradebeispiel ist das Apportieren, das ein Akita in der Regel nur ein- bis zweimal wiederholt, ehe er gelangweilt ist und damit aufhört.

Doch auch innerhalb anderer Rassen gibt es verschiedene Verhaltensweisen und Präferenzen von Hunden, die zur Folge haben, dass der Hund für bestimmte Spielzeuge kein Interesse zeigt. Zudem ist es üblich, dass das Interesse mit zunehmender Nutzung des Spielzeugs schwindet. Grund für das schwindende Interesse ist die Eintönigkeit, die dann entsteht, wenn die Aktivität mit einem Spielzeug nicht modifiziert wird.

Risiko: Das Spielzeug kann eine schlechte Qualität aufweisen.

Plastikspielzeug enthält das Risiko einer hohen Konzentration an Weichmachern und anderen krebsauslösenden Substanzen. Ein Bericht der Stiftung Warentest vom 27. November 2013[19] informiert über den Gehalt an gefährlichen Stoffen in verschiedenen Plastikspielzeugen für Hunde. Die Stiftung Warentest bezieht sich dabei auf den österreichischen Verein für Konsumenteninformation (VKI), der 18 Produkte aus Plastik testete. Ohne Ausnahme waren die getesteten Spielsachen erheblich mit krebsauslösenden Substanzen belastet. Sie alle enthielten polyzyklische aromatische Kohlenstoffatome (PAK), die in Weichmacherölen oder Rußpigmenten vorkommen. Bei den Hundespielsachen wurde der empfohlene Grenzwert um ein Vielfaches überschritten, in Einzelfällen sogar um mehr als das Tausendfache.

Doch es gibt noch weitere schädliche Substanzen, wie zum Beispiel den Weichmacher Diethylhexylphtalat und einzelne Farbstoffe. Selbst Farbstoffe, die für den menschlichen Organismus nicht giftig sind, können im Körper des Hundes eine gegensätzliche Wirkung entfalten. Grund hierfür ist der abweichende Stoffwechsel des Hundes.

---

[19] https://www.test.de/VKI-Test-Hundespielzeug-enthaelt-Weichmacher-4633906-0/

Gefärbte Hundespielzeuge aus Plastik sind also zu meiden. Stattdessen sind Naturprodukte, z. B. gedrehte Taue und Seile, eine gesündere Option. Beim Holz ist die Verarbeitung zu berücksichtigen, denn bei einer inkorrekten Behandlung von Holz kann eine giftige Wirkung im Organismus ausgelöst werden. Holzspielzeuge können zudem durch Splitter für Verletzungen im Maul- und Rachenraum oder Entzündungen im Magen des Hundes sorgen.

> **Achtung!**
>
> Auch Naturspielzeug ist gefährlich. Wer draußen einen Ast nimmt und das Stöckchen wirft, geht das Risiko ein, dass sich der Hund aufgrund der Verästelungen Verletzungen zuzieht. Will der Hund das Stöckchen nicht hergeben, besteht bei einer Zerrerei mit dem Herrchen oder Frauchen das Risiko größerer Verletzungen.

Hochwertiges Hundespielzeug, das zu 100 % aus Naturmaterialen hergestellt wurde, ist die sicherste Option für Hundehalter. Drei Hersteller können empfohlen werden, die diese Kriterien weitestgehend erfüllen:

- CaniAmici
- Nobby
- BecoThings

CaniAmici hat ein Angebot, das von Zerr- bis Kuschelspielzeug reicht. Sämtliche Spielzeuge gelten als ungiftig und bestehen aus natürlichen Rohstoffen, wie beispielsweise Bambusfasern, Baumwolle und Holz. Nobby fokussiert in seinem Spielzeug-Angebot Brettspiele für Hunde. Eine kleine Auswahl anderer Spielzeuge ist ebenso bei Nobby erhältlich. Das bevorzugt verwendete Material ist Holz. BecoThings bietet neben dem Hundespielzeug auch Hundenäpfe an. Denn ebenso wie das Spielzeug, bestehen die Händenäpfe aus Pflanzenfasern und sind somit nicht nur natürlich, sondern in vollem Umfang biologisch abbaubar und umweltschonend.

Preislich betrachtet weicht das natürliche Hundespielzeug nur geringfügig von den klassischen, schadstoffbelasteten Spielzeugen ab. Hundehalter haben demnach durch die Wahl der schadstofffreien Naturprodukte keine bedeutend höheren Anschaffungskosten zu erwarten.

Risiko: Der Hund wird mit dem Spielzeug nicht artgerecht beschäftigt.

Bei der Frage, ob ein Hundespielzeug artgerecht und demnach auch förderlich für die körperliche Aktivität des Hundes ist, sind zwei Komponenten zu berücksichtigen. Einerseits müssen das Spielzeug und die damit in Verbindung stehende Aktivität dem Hund zusagen, andererseits muss am Ende des Spielens eine Bereicherung stehen.

Ob das jeweilige Spielzeug und die zugehörige Aktivität dem Hund zusagen, erfahren Sie durch das Ausprobieren. Werfen Sie dem Hund einen Ball zu oder praktizieren Sie mit diesem ein bestimmtes Spiel mit Ihrem Hund, werden Sie sehr schnell merken, wie groß das Interesse ist. Machen Sie Zerrspiele mit entsprechendem Spielzeug und Ihr Hund geht darauf ein, bestätigt sich sein Interesse. Dass Sie als Hundehalter Fehlkäufe hinsichtlich des Spielzeuges machen werden, lässt sich nicht verhindern. Grundsätzlich gilt jedoch: Kaufen, beobachten und das Spielzeug bei positiver Reaktion des Hundes weiterhin nutzen. Fällt die Reaktion des Hundes auf das Spielzeug negativ aus, dann könnten Sie das Spielzeug wiederverkaufen oder anderen Hunden und deren Besitzern eine Freude machen, indem Sie es an sie verschenken.

Komplexer wird es bei dem zweiten Aspekt, der bei der Wahl des geeigneten Spielzeuges zu beachten ist: Der Bereicherung. Diese dient dem Zweck, dem Hund durch die Ausübung einer Aktivität zu einem Erfolgserlebnis zu verhelfen. Hierzu wurden spezielle Enrichment-Programme geschaffen, die Sie im Kapitel 3 näherkennenlernen werden. An dieser Stelle erhalten Sie lediglich einen kurzen Einblick in die Thematik. Beim Enrichment-Programm handelt es sich um die Identifizierung und Zurverfügungstellung jener Umweltreize, die für ein optimales psychisches und physiologisches Wohlergehen des Tieres notwendig sind.[20]

Kurzer Einblick…

Beim Enrichment wird abgestimmt, auf welche Umweltreize ein Tier reagiert. Adler, Braun et al.[21] erklären dies anhand der natürlichen Reize eines Jagdtieres: Nachdem eine Großkatze gejagt und ihre Beute gefangen hat, reißt sie dem jeweiligen Beutetier den Körper auf und holt die Innereien heraus, die ihr geschmacklich zusagen. In einem Zoo wird den Tieren keine lebende Beute ins Gehege gegeben, die vor dem Fressen gejagt werden kann. Stattdessen erhält die Großkatze bereits getöte Tiere. Ein Vorgehen, das die Reize des Tieres fördern und zu einer Bereicherung führen würde, könnte wie folgt aussehen: Es wird ein alter Kartoffelsack ins Gehege geworfen, in dem sich zwischen Stroh und Heu Fleischstücke und/oder Innereien befinden. Die Großkatze zerreißt den Kartoffelsack, wodurch die Aktivität gefördert wird. Indem sie die Fleischstücke und Innereien vorfindet, stellt sich eine Bereicherung ein. Auf diese Weise werden Ihre Instinkte, in diesem Fall das Zerreißen und anschließende Fressen, gefördert. So kann sie ihr Futter zwar noch immer nicht hundertprozentig artgerecht zu sich nehmen. Jedoch kommt diese Variante der artgerechten Fütterung schon sehr viel näher, sodass die Lebensqualität der Großkatze steigt.

---

[20] Adler, Y.; Braun, G.; Gansloßer, U.: Allzu viel ist ungesund, S. 74.
[21] Adler, Y.; Braun, G.; Gansloßer, U.: Allzu viel ist ungesund, S. 75.

Jeder Hund hat seine eigenen bevorzugten Umweltreize. Die Rasse des Hundes gibt bereits einen ersten Aufschluss darüber, wie das Beispiel des Akitas zeigte, der nur ein geringes Bedürfnis an körperlicher Aktivität besitzt. Darüber hinaus gibt es weitere Umweltreize, die es zu identifizieren und entsprechend mit Spielzeug sowie zugehöriger Aktivität zu befriedigen gilt. Die verschiedenen Umweltreize, deren artgerechte Ansprache sowie deren Befriedigung lernen Sie im Unterkapitel 3.1 genauer kennen. An dieser Stelle soll lediglich kurz auf diesen Aspekt eingegangen werden, da er die Spielzeugwahl und die damit einhergehenden Aktivitäten beeinflusst.

1.3.1.2 Ausbildungs- und Trainingsprogramme

Neben dem Spielzeugangebot gibt es viele Angebote zur Beschäftigung von Hunden, wie etwa Ausbildungs-, Trainings- und Verhaltensprogramme. Wie sich die verschiedenen Programme voneinander differenzieren, ist nicht geregelt und erfordert keiner genauen Definition, weil die Grenzen zwischen ihnen oft verschwimmen. Jedes Programm basiert auf einer bestimmten Intention und ist bei einem Anbieter oder einem freiberuflichen Hundetrainer buchbar. Die Intention eines Programmes kann z. B. darin bestehen, die Aggressionen eines Hundes zu therapieren, den Hund für Wettbewerbe zu trainieren oder ihm bestimmte Fähigkeiten, wie dem Hüten von Schafen oder die Blindenführung, anzueignen. Die Programme dienen entweder einem konkreten Zweck, den Herrchen oder Frauchen für den Hund vorgesehen haben, oder rein der Beschäftigung des Hundes, um selbst Freiraum von den Pflichten als Hundebesitzer zu gewinnen.

Die einzelnen Programme und Trainings basieren auf Annahmen und Modellen, die der Erreichung einer hohen Lebensqualität des Hundes dienen sollen. Bekannte Annahmen und Modelle sind:

Hund und Herrchen

- Auslastungsmodell
- Kommunikations- bzw. Interaktionstraining
- Enrichment-Modell

Das Auslastungsmodell sieht vor, dass sich der Hund auslastet, um geistig ausgeglichen und glücklich zu sein. Einige Experten bewerten die Auslastungsmodelle kritisch, weil ihnen aufgrund des Wortes „Auslastung" eine fehlerhafte Philosophie zugrunde liege. Ein Hund solle nicht ausgelastet werden, wie ein Gerät, das eine gewisse Leistung und Qualität vorzuweisen hat, damit sich eine finanzielle Investition überhaupt lohne. Stattdessen sei eine artgerechte Beschäftigung zu fokussieren, die im Rahmen der Fähigkeiten eines Hundes liegen.

Beim Kommunikations- bzw. Interaktionstraining steht eine Förderung der Beziehung zwischen Mensch und Hund im Vordergrund. Durch gemeinsame Aktivitäten wird das Ziel verfolgt, den Zusammenhalt zu stärken und die Kreativität in der gegenseitigen Interaktion anzuregen.

Das Ziel des Enrichment-Modells besteht darin, ein individuelles Training zu gestalten, in dem der Hund entsprechend seiner Präferenzen und Fähigkeiten beschäftigt wird. Ein solches Modell wird, nach Aussage von Experten, zunehmend favorisiert, da der Hund im Mittelpunkt steht und dessen Bedürfnisse, Instinkte sowie Ressourcen berücksichtigt werden. Das Enrichment-Modell belohnt den Hund aufgrund eines befriedigenden Ausgangs, nachdem er sich zuvor angestrengt hat.

Risiko: Es werden unpassende Programme genutzt, die falsche Schlussfolgerungen implizieren.

Schäferhunde zum Beispiel zeichnen sich durch ein hohes Bedürfnis nach Bewegung und Aktivität aus. Wer ein ruhiges

Programm wählt, wird den Hund nicht zufriedenstellen können. Stattdessen wird der Trainingsleiter davon berichten, dass der Hund Verhaltensauffälligkeiten zeigt. Anschließend wird eine für den Hund vollkommen unnötige Verhaltenstherapie gewählt und eine Aneinanderreihung von Fehlinterpretationen beginnt. Letztlich werden gänzlich unpassende Maßnahmen für den Hund ergriffen.

Doch es existieren weitere Fälle, in denen die Lage weniger eindeutig ist. Beispielsweise gibt es Hunde, die Eigenschaften aufweisen, die für ihre Rasse eher untypisch sind. Dies ist vermehrt dann der Fall, wenn sich Hunde aufgrund einer bestimmten Haltung die Eigenschaften ihrer Rasse abgewöhnt haben. Hunde, die normalerweise viel Freiraum benötigen und einen hohen Bewegungsdrang aufweisen, wie z. B. der Deutsche Schäferhund, der Border Collie und der Australian Cattle Dog, aber in der Stadt aufgewachsen sind und gehalten werden, haben ihre Gewohnheiten entsprechend geändert. Somit haben sie ganz andere Eigenschaften entwickelt, die wiederum von der Norm abweichende Bedürfnisse mit sich bringen.

> **Kurzer Einblick...**
>
> Bernhardiner galten immer als die klassischen Rettungshunde. Sie waren sanftmütig und anhänglich, weswegen sie sich als Begleiter eigneten. Ihr zuverlässiger Instinkt und das außergewöhnliche Geruchsverhalten, gepaart mit einer beeindruckenden und selbstlosen Opferungsbereitschaft, brachten einen immensen Nutzen in der Rettung von Personen. Auch die Beweglichkeit und Robustheit der Bernhardiner war ein wichtiges Charakteristikum. Im Laufe der letzten Jahrzehnte wurden Bernhardiner in einigen Zuchtlinien allerdings zu großen und schweren Tieren herangezüchtet. Dies macht sie zur Tätigkeit als Rettungshund nicht ungeeignet, aber vermehrt werden sie in diesem Einsatzbereich durch den Schäferhund abgelöst. Lediglich die Bernhardiner, die aus einer klassischen/historischen

Hund und Herrchen

Zucht stammen und die ursprüngliche Charakteristika aufweisen, verfügen über die originären Qualitäten.

Risiko: Der Terminkalender des Hundes ist zu voll.

Können Hunde Burn-out bekommen? Ja, das können sie. Burnout muss dabei nicht zwingend ein Ergebnis von Überforderung sein, er ist auch infolge einer Unterforderung denkbar. Eine Unterforderung tritt dann ein, wenn ein Hund Aktivitäten praktiziert, aber diese Aktivitäten zu anspruchslos oder nicht zielführend sind. Wenn sich keine Bereicherung bzw. Belohnung am Ende einer Aktivität einstellt, kehrt Eintönigkeit in den Alltag des Hundes ein. Im Körper des Hundes werden, wie ihm Körper des Menschen, bei Stress gewisse Hormone ausgeschüttet, die den Blutdruck, den Puls und die Atemfrequenz erhöhen. Diese Ausschüttung findet unter Druck statt, den der Hund, ebenso wie der Mensch, bei Aktivität sowie bei einem Mangel an Aktivität empfinden kann. Die Ausschüttung der Hormone Adrenalin und Cortison führt zu einer Minderdurchblutung der Organe. Aufgrund dieser Minderdurchblutung nimmt das Wohlbefinden ab. Die psychische Verfassung des Hundes verschlechtert sich, was zur Entstehung eines Burn-outs führen kann.

Nachweislich resultiert ein Burn-out bei Hunden eher aus einer Über- als aus einer Unterforderung. Um diesen wichtigen Punkt zu verstehen, betrachten wir den typischen Tagesablauf eines Hundes: Ein Hund schläft ca. zwölf Stunden am Tag. Die restlichen zwölf Stunden des Tages sind **nicht** komplett mit Aktivitäten ausgelastet. Einen erheblichen Anteil der Zeit verbringt der Hund mit dem Fressen und der anschließenden Erholung. Hinzu kommen das Beobachten und Wachen. Dem Hund gefällt seine Rolle als passiver Beobachter. Wirklich aktiv ist ein Hund letztlich nur fünf bis maximal acht Stunden am

Tag. Ein voller Terminplan ist – im Gegensatz zur gesellschaftlich vorherrschenden Annahme, man müsse den Hund permanent aktiv halten/beschäftigen – der geistigen Gesundheit Ihres Vierbeiners nicht zuträglich. Des Weiteren ist der Körper des Hundes auf ein grundlegendes Maß an Erholung angewiesen, so wie es auch beim Menschen der Fall ist.

Soll der Hund an einem Programm teilnehmen, dann gilt die Leitlinie: Weniger ist mehr. Dabei wird angeraten, einzelne Tage in den Wochenplan zu integrieren, in denen der Hund einfach Hund sein kann, an denen er faulenzen kann, keine Aufforderung zu Kommandos und Kunststückchen bekommt, möglichst viel Ruhe daheim hat und keine Reisen oder Ausflüge unternehmen muss.

1.3.2 Chancen der heutigen Angebote

Wenn Sie die richtigen Produkte sowie Maßnahmen zur Beschäftigung des Hundes gewählt haben, dann steigt seine Lebenserwartung. Dies kann erreicht werden, indem Sie…

- die passenden körperlichen Aktivitätsprogramme auswählen (und ggf. vereinfachen), die die Muskeln, das Skelett und die Sinneswahrnehmungen des Hundes trainieren.
- die passende Auswahl hochwertiger und schadstofffreier Spielzeuge treffen, wodurch das Risiko für die Entstehung von Erkrankungen und Verletzungen des Hundes sinkt.
- zu einer Ausgeglichenheit seines Geistes beitragen, das Gemüt/Wohlbefinden des Hundes steigern und somit die Wahrscheinlichkeit psychischer Erkrankungen reduzieren.

All diese Aspekte haben das Potenzial, eine lebensverlängernde Wirkung zu entfalten, indem sie die körperliche und geistige Verfassung des Hundes positiv beeinflussen.

1.3.2.1 Spielzeug

Spielzeug für Hunde ist deswegen notwendig, um sich bei Abwesenheit oder Zeitmangel ihres Halters selbst beschäftigen zu können. Das Spielzeug ist von vornherein so zu wählen, dass die gesundheitlichen Risiken für den Hund auf ein Minimum reduziert werden oder gar entfallen und eine artgerechte Beschäftigung sichergestellt ist. Sicheres Spielzeug besteht aus natürlichen Materialien und weist eine qualitativ hochwertige und robuste Verarbeitung auf. Welches der vielen Spielzeug-Angebote für den Hund das Beste ist, entscheidet sich anhand seiner Reaktion und angesichts dessen, ob nach dem Spielen eine Bereicherung eintritt. Langfristig nutzbar und somit im Preis-Leistungs-Verhältnis am überzeugendsten sind Zerr-, Wurf-, Kau- und Kuschelspielzeuge.

Chance: Steigern Sie das Schwierigkeitslevel bei der Nutzung von Hundespielzeug.

Variieren Sie die Spiele mit Ihrem Hund. Wird beispielsweise das Werfen und Holen eines Stöckchens um zusätzliche Aufgaben erweitert, erhält der Hund Abwechslung und wird dadurch mehr gefordert. Damit es jedoch nicht zu einer Überforderung und Stressentstehung kommt, ist zu empfehlen, das Schwierigkeitslevel der Übungen langsam zu steigern. Wenn nach den Übungen ein Erfolgserlebnis eintritt, dann macht der Hund eine positive Erfahrung und ist glücklich. Auch bei Spielen mit dem Zerrspielzeug können Sie eine Steigerung realisieren. Muss der Hund an einem Gegenstand zerren, der regelmäßig stärker ist als er, dann wird er gefordert. Dies bietet ihm zudem einen sinnvollen Zeitvertreib und seine Kraft wird trainiert/gesteigert. Auch das Wurfspielzeug ist geeignet, um das Schwierigkeitslevel der Übungen regelmäßig zu steigern.

Das Intelligenzspielzeug hingegen ist für eine Steigerung der Schwierigkeitslevels weniger geeignet. Es ist auf bestimmte Grundfunktionen limitiert, bei denen es sich z. B. um eine festgelegte Anzahl an Gerüchen oder um fest definierte Reaktionsmuster handelt, die der Hund irgendwann erlernt hat. Nach dem Erlernen wird das Spielzeug uninteressanter. Es lässt sich hinsichtlich der Schwierigkeit nicht variieren. Dementsprechend ist vom Intelligenzspielzeug abzuraten, zumal sich die Sinneswahrnehmungen des Hundes durch sensorische Stimulationsmaßnahmen abwechslungsreicher und effektiver trainieren lassen. Zu sensorischen Stimulationsmaßnahmen erhalten Sie im Unterkapitel 4.1 detaillierte Informationen und Vorschläge für die Praxis.

Drei konkrete Ratschläge, wie sich bei einzelnen Aktivitäten mit Hundespielzeugen das Schwierigkeitslevel sukzessive anheben lässt:

1. Anzahl der Apportl erhöhen: Verwenden Sie zwei oder mehr Wurfspielzeuge, um die Wahrnehmungsfähigkeiten des Hundes zu erweitern. Zudem wird die Koordinations- und Entscheidungsfähigkeit des Hundes trainiert.
2. Kauspielzeug in verschiedenen Stärken kaufen: Kaufen Sie Kauspielzeug verschiedener Stärken, entweder in Paketen oder separat, um den Widerstand während des Kauens zu variieren. Mit dem schwächsten beginnend, wird dem Hund nach eigenem Ermessen nach einiger Zeit ein jeweils stärkeres Kauspielzeug gegeben.
3. Zerrspielzeug: Verändern Sie den Widerstand oder die Stärke des Taus, wogegen der Hund beim Zerren ankämpfen muss. Zudem können Sie Taue in verschiede-

nen Farben verwenden, um die Farbwahrnehmung des Hundes zu fördern.

Weitere Variationen der Übungen und des Spielzeugeinsatzes finden Sie im Internet und in Fachliteratur, die im Internet oder in Buchläden und Bibliotheken erhältlich ist. Alternativ können Sie auch erfahrene Hundetrainer konsultieren.

Chance: Wenn der Hund alleine ist, kann er sich selbstständig die Zeit vertreiben.

Der Nutzen von Hundespielzeug, wie z. B. der Förderung der Sinneswahrnehmungen und der Anregung zur Aktivität, lässt sich grundsätzlich auch ohne Hundespielzeug erreichen. Dem Hund jedoch einen Zeitvertreib zu ermöglichen, wenn Sie als Besitzer nicht selbst vor Ort sind, ist das einschlägigste Argument, das eine Anschaffung von Hundespielzeug rechtfertigt. Denn wer seinen Hund alleine lässt oder ihn in Zeiten der persönlichen Anwesenheit nicht ausreichend beschäftigt, riskiert, dass sich der Hund „alternatives Spielzeug" sucht. Er könnte anfangen, an Kissen zu kauen, mit Dekorationsgegenständen zu spielen oder anderen Aktivitäten nachgehen, die das Interieur schädigen könnten. Dieses Risiko besteht insbesondere im Welpenalter und bei einer mangelhaften Erziehung des Hundes. Dies trifft jedoch nicht auf jeden Hund zu, da es von der Individualität und den Persönlichkeitsunterschieden des Hundes abhängig ist.

Ist der Hund auf sich alleine gestellt, benötigt er wiederum Hundespielzeug und profitiert dabei in mehrfacher Hinsicht davon:

- Konditionierung auf selbstständigen Zeitvertreib
- Überbrückung der Langeweile ohne die Gesellschaft des Besitzers

- Steigerung der Kreativität

Spielzeug-Typen, die sich für einen selbstständigen Zeitvertreib eignen, sind, mit Ausnahme des Wurfspielzeugs, alle in der oberen Tabelle genannten Spielzeugtypen. Zerr-, Kau- und Kuschelspielzeug sind jederzeit anwendbar. Möchte der Besitzer seinem Hund einen besonderen Zeitvertreib während seiner Abwesenheit ermöglichen, dann gibt er ihm ein Kauspielzeug mit einem stärkeren Widerstand oder ein Tau in einer anderen Farbe als bisher. So ist sichergestellt, dass der Hund durch einen neuen optischen Reiz während der Abwesenheit seines Besitzers optimal beschäftigt sein wird.

1.3.2.2 Ausbildungs- und Trainingsprogramme

Gute Ausbildungs- und Trainingsprogramme für Hunde zeichnen sich durch professionelle Trainer aus, die die Verhaltenssysteme des Hundes vollumfänglich trainieren. Darüber hinaus muss auf die individuellen Interessen des Hundes eingegangen werden, um die richtigen Umweltreize zu setzen. Bei allen Aktivitäten ist zu berücksichtigen, dass sie in einem gesunden Maß stattfinden. Der Hund braucht seine tägliche Schlaf- und sonstige Ruhezeit und profitiert von ein bis zwei komplett freien Tagen pro Woche.

Chance: Die Interaktion zwischen Hund und Mensch wird verbessert.

Ein Gewinn sind die Programme dann, wenn Hund und Mensch zusammen interagieren und Erfolgserlebnisse verbuchen. Das kann beispielsweise bei Suchspielen der Fall sein. Ein Programmangebot, bei dem mehrere Hund-Mensch-Gespanne gegeneinander antreten, um einen Gegenstand zu finden, der vom Programmleiter versteckt wurde, fordert das Gespann. Der Hund sucht mit seinen Ressourcen, die hauptsächlich in

Sinneswahrnehmungen bestehen. Der Mensch wiederum versucht, einen Beitrag mittels des Verstandes und der Logik zu leisten. Am Ende der Suche tritt ein Erfolgserlebnis ein. Gleiches lässt sich auf Wettkämpfe übertragen, bei denen Hundehalter mit ihren Vierbeinern an einzelnen Stationen gewisse Anforderungen meistern müssen.

Hinweis!

Hundehalter sind in der Lage, denselben Effekt ohne die Teilnahme an Hundetrainingsprogrammen zu erzielen. Wird bei Wurf- oder Versteckspielen mit Gegenständen die Schwierigkeit sukzessive gesteigert, dann entwickeln sich Hundehalter und Vierbeiner: Der Hundehalter in seiner Kreativität, der Hund in seiner Intelligenz und im Umgang mit seinen Sinnen.

Durchleben Menschen ein interaktives Programm gemeinsam, fällt ihnen danach die Kommunikation untereinander leichter oder es ist weniger Kommunikation notwendig, um gut miteinander auszukommen. Vieles läuft im Anschluss nonverbal ab. Ein ähnlicher Effekt macht sich bei der Beziehung zwischen Hund und Mensch bemerkbar, wenn die Interaktion durch regelmäßige passende Programme gefördert wird. Der Vorteil einer gemeinsamen Aktivität ist, dass der Hundehalter früh erkennt, ob die Aktivität seinem Hund und auch ihm persönlich zusagt. Dadurch lässt sich sicherstellen, dass einer sinnvollen Beschäftigung nachgegangen wird, die für beide Seiten angenehm ist.

Chance: Ein passendes Programm setzt korrekte und umfassende Umweltreize.

Wird ein Trainingsprogramm gewählt, das dem Hund zusagt, wird er optimal beschäftigt. Sein Glücksempfinden wird gesteigert und seine Fertigkeiten trainiert. Ob ein Programm für den Hund geeignet ist, bemisst sich allerdings nicht nur daran, ob es ihm auf den ersten Blick zusagt und auch in der Folgezeit gefällt.

Eine Möglichkeit, um perfekt geeignete Programme zu erkennen, stellen Funktionskreise dar. Unter einem Funktionskreis ist die Zusammenfassung verschiedener Verhaltensweisen zu verstehen, die einem bestimmten Verhaltenssystem angehören. Ein Funktionskreis bzw. Verhaltenssystem kann der Nahrungserwerb sein. Dazu gehören mehrere Verhaltensweisen:

- Jagen
- Packen
- Zerlegen
- Fressen
- Erholen

Werden sämtliche Verhaltensweisen und nicht nur das Jagen trainiert, dann tritt die erwähnte Bereicherung ein, die dem Tier das Erreichen eines Zieles suggeriert und es in Bezug auf seine natürlichen Triebe trainiert.[22] Für Hunde sind abweichende Funktionskreise zu betrachten, da diese in der Haltung als Haustier kein Jagdtier mehr sind. Bei Hüte- und Treibhunden ließe sich beispielsweise das Bewachen der Herde trainieren und ein Diebstahl simulieren, woraufhin der Hund seiner Pflicht nachkommt. Insbesondere bei Hütehunden, die, entgegen ihrer Natur, in der Stadt gehalten werden, kann ein solches Training auf dem Land durchgeführt werden.

Es ist Hundebesitzern angeraten, die Zusammensetzung eines Angebots für die Beschäftigung ihres Hundes genauestens auf Qualität zu überprüfen. Ausschlaggebend für die Qualität ist das Vorhandensein eines Konzeptes, bei dem ein Verhaltens-

---

[22] Adler, Y.; Braun, G.; Gansloßer, U.: Allzu viel ist ungesund, S. 69.

system ganzheitlich trainiert wird. Die ersten Male lohnt es sich, beim jeweilgen Programm zuzuschauen und kritisch zu beobachten, wie die Qualität des Programmes ist und ob der Hund für das gezahlte Geld ein gerechtes Angebot erhält. Vermehrt gibt es Berichte von Trainern und Gruppenleitern, die rücksichtslos mit den Hunden umgehen. Drill und Schmerzen sind dabei keine Seltenheit. Hier kann eine Überlastung und Unzufriedenheit des Hundes entstehen.

1.4 Fazit

Das Grundlegende, was der Hund für ein langes und glückliches Leben benötigt, erhält er durch Sie: Fürsorge, Ernährung, Beschäftigung, Emotionen. Dass es sich lohnt, für diese Aspekte große Mühen, insbesondere hinsichtlich der Beschäftigung des Hundes, aufzubringen, spiegelt sich in der intensiven Bindung zwischen Ihnen und Ihrem Vierbeiner wider, die Ihr Leben bereichert. Ein Überangebot an Beschäftigungsprogrammen und Irrtümer über die Bedürfnisse eines Hundes stellen eine Herausforderung an Sie als Hundebesitzer dar. Sie durften erfahren, dass nicht jedes Hundespielzeug automatisch das Beste für Ihren Hund ist. Ebenso hatten Sie die Gelegenheit zu erkennen, dass Ausbildungs-, Trainings- und Beschäftigungsprogramme für Hunde passend oder komplett unangemessen sein können. Das Wichtigste in Bezug auf Spielzeug und Trainingsprogramme ist, dass sie artgerecht sind. Denn wenn Sie darauf achten, dass alles artgerecht ist, wird dies in der Regel positive Folgen für die Anatomie und Physiologie des Hundes mit sich bringen, was wiederum optimale Voraussetzungen für die körperliche Gesundheit des Hundes bietet. Artgerechte Spielzeuge und Programme fördern zudem die mentale Gesundheit Ihres Hundes, weil er dabei seinen natürlichen Trieben und Instinkten nachgeht. Letztlich werden durch ein insgesamt artgerechtes Hundeleben das Wohlbefinden und die

Gesundheit des Hundes auf mehreren Ebenen gefördert. Dies erhöht die Chance zur Verlängerung der Lebensdauer; in einigen Fällen verlängert es die Lebensdauer sogar bedeutend.

2 Prävention: Vor der Lebensverlängerung kommen Pflege und Hilfe bei Erkrankungen/Notfällen

Das Leben eines Hundes kann, ebenso wie das Leben jeden Lebewesens, nur dann verlängert werden, wenn es hinreichend geschützt wird. Zum Schutz zählt einerseits der gesunde und artgerechte Lebensstil, der einen Großteil dieses Buches einnimmt. Andererseits gehört zum Schutz des Lebens auch die korrekte Hilfe bei Erkrankungen und Notfällen. Auch der Prävention kommt ein hoher Stellenwert durch Impfungen, Vorsorgeuntersuchungen und Pflege zu. Insbesondere bei der Pflege verzichten Hundehalter vermehrt auf einzelne Maßnahmen, weil diese entweder für den Halter selbst oder für den Hund unangenehm sind. Erfreulicherweise hat der Hund jedoch geringe Ansprüche an eine Pflege. Diese geringen Ansprüche variieren zwar von Rasse zu Rasse und Hund zu Hund, aber sie sind und bleiben einer der Punkte, bei denen kleinste Vernachlässigungen oder Fehlinterpretationen darüber bestimmen können, ob der Hund etwas länger oder kürzer lebt.

2.1 Pflege des Hundes

Bei der Pflege des Hundes ist zwischen allgemeiner und rassetypischer Pflege zu unterscheiden. Allgemein ist beispielsweise die Fellpflege, rassetypisch hingegen die Häufigkeit und Intensität der Pflege. Die einzelnen Pflegemaßnahmen sind bei allen Hunderassen gleich, aber bei einigen Rassen sind sie ausgeprägter und bei anderen weniger ausgeprägt. Inwiefern Pflegemaßnahmen die Gesundheit des Hundes fördern, lässt sich einerseits aus dem Nutzen der Maßnahmen selbst, andererseits an den Nebeneffekten jeder Maßnahme erkennen. Um diesen Aspekt zu veranschaulichen, wird das Beispiel mit der Fellpflege aufgegriffen: Die Fellpflege selbst trägt bei Hunden nicht direkt zu einem physiologischen Mehrwert bei. Sie fördert das Wohlbefinden und die Hygiene des Hundes. Die Nebeneffekte sind hingegen die genaue Untersuchung der Haut im Hinblick auf Bakterien, Zecken und eventuell unbemerkte Wunden. Diese können entfernt bzw. versorgt werden, bevor sie einen gesundheitlichen Schaden anrichten. So tritt eine Prävention von Erkrankungen und Notfällen ein.

2.1.1 Fellpflege

Die Häufigkeit und Intensität der Fellpflege richten sich nach dem Haartypus des Hundes. Zu unterscheiden sind folgende Typen:

- Kurzhaar
- Stockhaar
- Rauhaar
- Lockiges Fell
- Langhaar

Quelle: Kosmos Handbuch Hund, 2008.[23]

Bei kurzhaarigen Hunden ohne Unterwolle wird das Fell mit einem Gumminoppenstriegel gebürstet. Die Haut wird dabei massiert und das Fell glänzt anschließend. Zudem werden Hautschuppen und lose Haare entfernt.

Bei Stockhaar-Hunden, die Unterwolle sowie langes und kräftiges Deckhaar haben, wird das Fell gestriegelt und gebürstet. Sobald sich die Unterwolle aus der Haut löst – das passiert zweimal jährlich – wird die Unterwolle mit einem groben Kamm herausgekämmt. Ist der Wechsel der Unterwolle vollständig erfolgt, wird ein warmes Bad empfohlen.

Rauhaarige Hunde werden ebenfalls gebürstet und gestriegelt. Lange Haare müssen getrimmt werden, damit sich das Haar aus der Haut löst. Bei diesem Vorgang verändern sich die Struktur des Fells sowie dessen Farbe. Das Trimmen sollte – um ein angemessenes Aussehen des Hundes zu gewährleisten – durch einen professionellen Hundefriseur erfolgen. Wird regelmäßig getrimmt, verringert sich das Nachwachsen der Haare zunehmend, was die Pflege erleichtert.

Hunde mit lockigem Fell werden mit Scheren und Schermaschinen gepflegt. Ein regelmäßiges Kämmen ist, sofern die Haare nicht regelmäßig gekürzt werden, unabdingbar und zudem sehr aufwendig. Aus diesem Grund ist angeraten, Hunde mit lockigem Fell auf Kurzhaar-Länge zu halten.

Langhaarige Hunde weisen die größten Pflegeherausforderungen auf: Kopf, Brust, Rute und die Hosen an den Hinterläufen müssen gebürstet werden, während der Hund steht. Der Körper lässt sich am besten bürsten, während der Hund auf der

---

[23] Winkler, S.: Kosmos Handbuch Hund, S. 136.

Seite liegt. Dabei sollte stets in der natürlichen Wuchsrichtung der Haare gebürstet werden. Filze werden entweder mit den Fingern entfernt oder, sofern sie zu festsitzen, mit Hilfe einer Schere durchtrennt und dann ausgekämmt.[24]

Folgenden Stellen ist beim Bürsten des Hundes eine erhöhte Aufmerksamkeit zu widmen:

- Leisten
- Ohren
- Beine
- Brust

An diesen Körperstellen bilden sich leicht Knoten und Verfilzungen, was dem vermehrten Aneinanderreiben dieser Körperpartien geschuldet ist. An den Unterseiten der Pfoten und des Schwanzes sammelt sich verstärkt Schmutz, weswegen hier eine besonders genaue Fellpflege vorzunehmen ist.[25]

Ein geeignetes Pflegeset für die Haarpflege setzt sich aus den folgenden Komponenten zusammen: Zupfbürste, Trimm-Messer, Kamm, Gummistriegel, Schere, Entwirrungsharke und Schermaschine.

Hinweis!

Es wird empfohlen den Hund bereits als Welpe an das Waschen zu gewöhnen, damit dies auch später leicht umsetzbar ist. Das Waschen bzw. Baden tut der Haut gut und senkt das Risiko für Hauterkrankungen sowie für Infektionen. Vor Beginn sollte der Hund ein paar Leckerlis erhalten, um sich wohlzufühlen. Der Hund sollte beim anschließenden Waschen kein Wasser in seine Augen, Ohren und Nase bekommen. Optimal ist dabei, sich von

---

[24] Winkler, S.: Kosmos Handbuch Hund, S. 136.
[25] Alles für den Hund, S. 50f.

Kopf bis Schwanz mit warmem (nicht heißem) Wasser durchzuarbeiten. Anschließend folgt die Massage mit einem speziellen Hundeshampoo. Massieren Sie dieses bis auf die Haut in das Fell des Hundes ein. Beim darauffolgenden Abspülen sollte das Shampoo komplett aus dem Fell des Hundes gespült werden, damit keine Hautreizungen auftreten. Abschließend wird das Fell mit einem Handtuch und Fön getrocknet. Bei langhaarigen Hunden genügt ein zweimaliges Baden pro Jahr, kurzhaarige Hunde sollten alle drei Monate gewaschen werden.[26]

2.1.2 Zahnpflege

Das Gebiss ist das wichtigste Werkzeug des Hundes. Erkrankungen des Gebisses können zu einer geringen Nahrungsaufnahme führen und somit die Gesundheit des Hundes weiter beeinflussen/beeinträchtigen. Besteht erstmal ein Nährstoffmangel, ist es nur noch eine Frage der Zeit, bis ernsthafte gesundheitliche Probleme auftreten oder der Hund schwach wird. Auch an die Zahnpflege sollte der Hund bereits im Welpenalter gewöhnt werden. Dies ist sogar noch viel wichtiger als das Gewöhnen an das Waschen. Tasten Sie sich dementsprechend langsam heran, wenn es um die Umsetzung der Zahnreinigung geht. Beginnen Sie damit, eine Hand auf den Oberkiefer zu legen. Wehrt sich Ihr Hund nicht, dann ziehen Sie mit dem Daumen der auf dem Oberkiefer liegenden Hand vorsichtig die obere Lefze hoch, um zu schauen, wie er darauf reagiert. Folgt nach wie vor kein Widerstand, sollten Sie mit Ihrer freien Hand die Bürste zu den Zähnen führen und langsam anfangen, die Bürste kreisförmig von der einen Seite zur anderen zu bewegen. So werden die Zähne gereinigt.[27]

---

[26] Alles für den Hund, S. 52f.
[27] Alles für den Hund, S. 62.

Die Akzeptanz des Hundes der Zahnpflege muss so weit reichen, dass er das Kratzen mit Zahnsteinentfernern duldet. So lassen sich frische und ältere Beläge von Zahnstein beseitigen. Zahnstein kann Entzündungen des Zahnfleisches verursachen und bietet ideale Wachstumsbedingungen für Bakterien und Keime. Das Immunsystem kann unter dem Einfluss von Zahnstein immens geschwächt werden, was die Anfälligkeit auf Erkrankungen im gesamten Organismus steigert. Außerdem werden Herzerkrankungen durch Zahnstein direkt begünstigt.[28]

2.1.3 Augen- und Ohrenpflege

Eine ausreichende Augenpflege ist bereits dadurch sichergestellt, dass getrocknetes Sekret jeden Morgen entfernt wird. Hierzu wird ein feuchtes Taschentuch benutzt. Sollten die Augen ständig tränen oder verschleimt sein, wird eine Begutachtung durch den Tierarzt erforderlich. Denn ggf. sind die Tränenkanäle verstopft oder fehlen sogar komplett. Auch Organprobleme können sich durch ständig tränende Augen bemerkbar machen.[29]

Die Ohrenpflege verlangt kein besonderes Pflegezubehör. Es genügt, ein feuchtes Tuch zu nehmen und damit das Ohr außen und im Inneren zu säubern. Der Kanal ist auf Ohrenschmalz zu prüfen, das ggf. zu beseitigen ist. Am Ende der Ohrenreinigung folgt die Geruchsprobe: Ist ein strenger Geruch vorhanden, kann eventuell eine Infektion vorhanden sein und der Besuch eines Tierarztes wird erforderlich.[30] Riecht das Ohr normal, dürfen Sie davon ausgehen, dass Ihr Hund unter keiner Ohrenerkrankung leidet.

---

[28] Winkler, S.: Kosmos Handbuch Hund, S. 138.
[29] Winkler, S.: Kosmos Handbuch Hund, S. 137.
[30] Ludwig, G.: Das große GU Praxishandbuch Hunde, S. 194.

2.1.4 Krallenpflege

Der Umfang der Krallenpflege hängt vom Lebensstil des Hundes ab. Hunde, die häufig auf Wiesen und Feldwegen unterwegs sind, müssen sich aufgrund des weichen Untergrundes öfter die Krallen schneiden lassen, da diese langsamer abgenutzt werden.[31] Ein gegenteiliges Bild ergibt sich bei Spaziergängen und Aktivitäten auf asphaltierten Wegen, wo die Krallen schneller abnutzen. Ein monatliches Krallenschneiden ist im Allgemeinen vollkommen ausreichend. Andernfalls erkennen Sie den richtigen Zeitpunkt zum Schneiden der Krallen, sobald Sie die Krallen auf glattem Boden deutlich klackern hören.

In den Krallen des Hundes befindet sich eine kleine Ader, die beim Schneiden nicht verletzt werden darf. Bei hellen Krallen ist diese Ader gut zu erkennen, da sie rosafarben ist. Bei schwarzen Krallen ist sie nicht sichtbar, sodass Sie sich beim Schneiden bestenfalls wie folgt orientieren: Sie schneiden genau dort ab, wo die obere sichelförmige Krallenseite und die untere gerade Krallenseite zusammenstoßen und weiterwachsen. Sollten Sie sich unsicher sein, empfiehlt sich, vor allem bei größeren Hunden mit großen Krallen, der Gang zum Tierarzt. Dieser übernimmt das Krallenschneiden regelmäßig oder zeigt es Ihnen ein Mal, sodass Sie danach selbst in der Lage sind, die Krallen Ihres Hundes zu schneiden.

2.1.5 Geschlechtsorgane und After

Auffällig bei den Geschlechtsorganen ist der Ausfluss, der sowohl beim Rüden als auch bei der Hündin auftreten kann. Ein gelblich-grüner Ausfluss, den der Rüde ableckt, ist gesundheitlich unbedenklich, sofern dies nicht auffällig häufig auftritt.

---

[31] Rousselet-Blanc, P.: Alles über Hunde, S.260.

Was „auffällig häufig" bedeutet, ist individuell zu betrachten, da dies vom jeweiligen Rüden und dessen Alter abhängt. Seien Sie zunächst entspannt, achten Sie auf Ihr Gefühl und gehen Sie erst zum Arzt, wenn es Ihnen als nicht mehr normal erscheint. Bei der Hündin ist ein Scheidenausfluss während der Läufigkeit immer krankhaft und bedarf einer Untersuchung. Ist die Hündin noch nicht geschlechtsreif, ist der Scheidenausfluss wiederum normal.[32]

Am After gibt es zwei bekannte und recht häufige Probleme. Zum einen können Kotreste im Fell vorhanden sein, zum anderen kann der Hund übermäßig gefüllte Analdrüsen haben. Schlimmstenfalls verkleben Kotreste und verhindern den Kotabsatz. Um dem Verkleben von Kotresten entgegenzuwirken, empfiehlt sich eine Kürzung des Felles rund um After und Geschlechtsorgan. Sind Kotreste vorhanden, sollten diese eingepudert werden, damit sie trocknen können. Anschließend lässt sich der Kot problemlos ausbürsten.[33]

Übermäßig gefüllte Analdrüsen machen sich dadurch bemerkbar, dass der Hund mit seinem Po auf dem Boden hin und her rutscht. Man bezeichnet dies als „Schlittenfahren". Analdrüsen sollten geleert werden, was Sie selbst bewerkstelligen können. Wissen Sie nicht, wie man die Analdrüsen leert oder möchten Sie dies nicht selbst tun, wird dies Ihr Tierarzt für Sie übernehmen.[34]

2.1.6 Prophylaxe beim Tierarzt

Es gibt einige Maßnahmen, die nur der Tierarzt durchführen kann. Dazu zählen vor allem die Impfungen[35]:

---

[32] Rousselet-Blanc, P.: Alles über Hunde, S. 261.
[33] Winkler, S.: Kosmos Handbuch Hund, S. 138f.
[34] Rousselet-Blanc, P.: Alles über Hunde, S. 260.
[35] Winkler, S.: Kosmos Handbuch Hund, S. 259.

- Grundimmunisierung: Die Impfungen zur Grundimmunisierung finden in den ersten zwei Lebensjahren des Hundes statt und folgen in der Regel dicht aufeinander. Anschließend werden sie jährlich oder alle zwei bis drei Jahre aufgefrischt. Die Grundimmunisierung umfasst Impfungen gegen Staupe, Hepatitis, Tollwut, Parvovirose und Leptospirose.
- Bortadella Bronchiseptica: Eine Impfung schützt gegen diese Krankheit, die insbesondere beim Besuch von Hundeschulen und beim Aufenthalt in Zwingern übertragen werden kann.
- Canines Parainfluenzavirus: Ähnlicher Sachverhalt wie im vorigen Stichpunkt.
- Borreliose: Dies ist eine Krankheit, die durch Zecken übertragen werden kann. Eine entsprechende Impfung schützt nicht gegen alle Erreger. Der Schutz des Hundes vor Zecken, etwa durch spezielle Halsbänder oder Spot-on-Lösungen, ist nach wie vor die wichtigste Maßnahme, aber zusätzlich ist eine Borreliose-Impfung sinnvoll.
- Individuelle Impfungen: Die starren Regeln bzw. festgelegte, allgemeingültige Zeitpunkte zur Impfung des Hundes gelten mittlerweile als überholt. Es wird empfohlen, sich mit seinem Tierarzt zusammenzusetzen und ein individuelles „Impf-Programm" zu erörtern, das dem Lebensstil des Hundes angepasst ist.

Eine tierärztliche Prophylaxe besteht, neben den Impfungen, zudem aus Wurmkuren und Floh- sowie Zeckenschutzbehandlungen. Bei regelmäßigen Wurmkuren werden Würmer und Larven aus dem Magen-Darm-Trakt des Hundes entfernt. Mit Spot-on-Präparaten existiert eine weitere Möglichkeit, den Hund für die Dauer eines Monats vor Wurmbefall (und auch vor Floh- und Zeckenbefall) zu schützen. Auch hier wird empfohlen, sich diesbezüglich mit dem Tierarzt zu unterhalten und maßgeschneiderte Lösungen für den eigenen Hund zu erarbeiten.[36]

2.1.7 Spezielle Hinweise zur Pflege älterer Hunde

Die bereits erläuterte Grundpflege verändert sich in Bezug auf ältere Hunde nicht. Aufgrund alterstypischer Erkrankungen und Beschwerden sind jedoch einige Ratschläge zu berücksichtigen[37]:

- Während der Fellpflege ist der Körper besonders gründlich und zeitintensiv auf mögliche Warzen, Knoten und Tumore zu untersuchen.
- Da im Alter die Neigung zu Zahnstein zunimmt, ist eine ordnungsgemäße Zahnpflege verstärkt durchzuführen. Auch Kauknochen sollten im Alter noch häufig gegeben werden.
- Ausflüsse und Wucherungen am After und an den Genitalien sind bei Hunden in hohem Alter ernster zu nehmen, da es sich des Öfteren um Krankheitssymptome handelt.

Durch ein Befolgen dieser Ratschläge handeln Sie präventiv gegen die größten Krankheitsherde eines älteren Hundes. Werden Tumore oder Zahnstein dadurch früh erkannt, kann einer Verschlimmerung der Erkrankungen mithilfe einer geeigneten Therapie entgegengewirkt werden. Da das Immunsystem bei älteren Hunden tendenziell schwächer ist als das jüngerer Hunde, können einige Krankheitsverläufe schneller zum Tod

---

[36] Winkler, S.: Kosmos Handbuch Hund, S. 260.
[37] Ludwig, G.: Das große GU Praxishandbuch Hunde, S. 199.

führen. Zudem können sie meist nur schwächer therapiert werden, als im jungen Alter.

2.2 Umgang mit Erkrankungen beim Hund

Erkrankungen haben zwei Nachteile. Erstens – was relativ klar ist – schaden Sie der Gesundheit des Hundes und stellen somit eine Gefahr dar. Zweitens – genau das ist für Sie die Herausforderung – sind sie manchmal schlecht zu erkennen, weil sie sich nur langsam und mit kleinen Anzeichen bemerkbar machen. Im Gegensatz zu Notfällen, kommen Erkrankungen meistens nicht plötzlich, sondern machen mit einer Vielzahl an Symptomen und einzelner Details auf sich aufmerksam. Um Erkrankungen zu identifizieren oder zumindest einen berechtigten Verdacht äußern zu können, werden Sie nachfolgend zunächst lernen, einen idealen Gesundheitszustand zu identifizieren. Anschließend überprüfen Sie die Abweichungen, die im Zuge von Erkrankungen auftreten.

2.2.1 Wodurch zeichnet sich ein idealer Gesundheitszustand aus?

Als prägnante Merkmale für die Gesundheit eines Hundes werden häufig leuchtende Augen, glänzendes Fell und eine kühle, feuchte Nase genannt. Allerdings genügen diese Aspekte nicht, um zuverlässig über die Gesundheit eines Hundes zu urteilen. Vielmehr kommt es auf das Gesamtpaket an, das sich nach der Form und dem Gewicht des Hundes richtet. Hierzu werden im Buch *Alles für den Hund* (2014) vom DK Verlag mehrere konkrete Anhaltspunkte aufgeführt[38]:

---

[38] Alles für den Hund, S. 94.

- Macht einen aufmerksamen Eindruck
- Beschäftigt sich mit der Familie und anderen Haustieren
- Bewegt sich locker
- Freut sich auf den Auslauf
- Ermüdet nicht rasch
- Ist am Futter interessiert
- Trinkt die zu erwartenden Wassermengen
- Uriniert und kotet nach einem normalen Muster

Normale Konturen am Körper, ein bequemer Stand und ein zum Wedeln bereiter Schwanz sind weitere Merkmale für eine ausgeprägte Hundegesundheit.[39]

Letztlich können die genannten Punkte tagesformabhängig variieren, was für Sie zur Folge hat, dass Sie nicht sofort bei den kleinsten Veränderungen an der Gesundheit Ihres Hundes zweifeln sollten. Sie als Herrchen oder Frauchen wissen aber bestens Bescheid, wie sich Ihr Hund normalerweise verhält und aussieht. Auch kennen Sie die tagesformabhängigen Schwankungen. Sobald Sie merken, dass über mehrere Tage oder sogar Wochen ein ungewohnter Zustand vorherrscht oder von einem Tag auf den anderen deutliche Veränderungen zum Negativen eintreten, sollten Sie aufmerksam werden.

2.2.2 Krankheitsanzeichen

Krankheitsanzeichen lassen sich in allgemeine und spezifische einteilen. Beginnend bei den allgemeinen Symptomen, sind folgende Beschwerden verdächtig[40]:

---

[39] Alles für den Hund, S. 94.
[40] Rousselet-Blanc, P.: Alles über Hunde, S. 347f.

Prävention

- Abmagerung
- Blässe der Schleimhäute an Genitalien, Augen und Maul - Anämie
- Appetitverlust
- Erschöpfung/Müdigkeit
- Fettleibigkeit
- Gelbfärbung der Schleimhäute an Genitalien, Augen und Maul - Gelbsucht (Ikterus)
- Gesteigerter Durst
- Gesteigerte Nahrungsaufnahme

Bei einer Abmagerung schwindet der Appetit des Hundes auffällig und es tritt eine Reduktion des Körpergewichtes sowie -fettanteils ein.

Eine Anämie wird umgangssprachlich als „Blutarmut" bezeichnet und charakterisiert sich durch einen Rückgang des roten Blutfarbstoffs Hämoglobin, was eine zunehmende Blässe der Schleimhäute an den Genitalien, Augen und am Maul zur Folge hat.

Der Appetitverlust äußert sich in einer verringerten Nahrungsaufnahme, die eine Folge von Erkrankungen des Verdauungsapparates oder psychischer Probleme sein kann.

Erschöpfung und Müdigkeit machen sich dadurch bemerkbar, dass Aktivitäten auffällig schnell zur Erschöpfung führen bzw. ein geringeres Aktivitätslevel besteht, was auf Herzerkrankungen und Infektionen zurückzuführen sein kann.

Die Fettleibigkeit tritt häufig bei Hunden auf. Sie macht sich durch einen hohen Anstieg des Körperfettanteils bemerkbar und begünstigt die Entstehung von Herz- und Stoffwechselerkrankungen.

Fällt die Konzentration des Hämoglobins im Blut noch tiefer als bei einer Anämie, so kann Gelbsucht die Folge sein, die ein Anzeichen ernsthafter Erkrankungen ist und sich durch eine Gelbfärbung der Schleimhäute am Maul, an den Augen sowie an den Genitalien auszeichnet.

Ein gesteigerter Durst macht sich durch einen übermäßig hohen Wasserkonsum des Hundes bemerkbar und ist häufig die Folge von Erkrankungen der Nieren und des Magens, aber ebenso können psychische Probleme die Ursache sein.

Wenn sich der Hund förmlich auf seine Mahlzeiten stürzt und regelmäßig einen ausgehungerten Eindruck macht, dann zeichnet sich eine krankhaft gesteigerte Nahrungsaufnahme ab, die ggf. auf eine Zuckerkrankheit hinweist und das Risiko einer Fettleibigkeit birgt.[41]

Hinweis!

Die aufgetretenen Anzeichen sollten in Form eines Tagesbuchs dokumentiert werden. Auf diese Weise sind Verhaltensveränderungen des Hundes präzise zusammengetragen, sodass sich der Tierarzt bei Bedarf einen genauen Eindruck von der Erkrankung und deren Ausmaß verschaffen kann. Eine präzise Dokumentation erfolgt, indem Sie die Veränderungen des Verhaltens datieren und – sofern möglich – mit konkreten Messungen und einem Vergleich zur vorherigen Situation versehen. Beispielsweise ließe sich bei gesteigertem Durst das Trinkverhalten präzisieren, indem die Menge des konsumierten Wassers aus dem Napf über 24 Stunden hinweg verteilt würde. Hierzu gibt es sogar eine ungefähre Richtlinie, mithilfe derer Sie feststellen können, ob der Durst Ihres Hundes ungewöhnlich oder normal ist. Die getrunkene Menge an Wasser (in Millilitern) wird in einer Rechnung durch das Körpergewicht des Hundes (in Kilogramm) geteilt.

---

[41] Rousselet-Blanc, P.: Alles über Hunde, S. 347f.

Liegt das Ergebnis bei +/- 50, gilt der Wert als normal. Liegt der Wert hingegen bei 90 bis 100 oder höher, ist der Tierarzt zu konsultieren.[42]

Neben den allgemeinen Anzeichen für Erkrankungen existiert eine Menge spezifischer Anzeichen, die sich nach der Art der Erkrankung richten. Die folgende Tabelle gibt Ihnen einen kompakten Überblick:

Art der Erkrankung	Symptome
Atemwegserkrankungen	• Atemlosigkeit • Husten • Nasenausfluss • Niesen
Erkrankungen des Verdauungstraktes	• Durchfall • Erbrechen • Maulgeruch • Speicheln
Harnwegserkrankungen	• Trüber oder blutiger Urin • Geringes Wasserlassen • Schmerzen beim Wasserlassen
Erkrankungen des Genitaltraktes	• Scheidenausfluss während der Läufigkeit • Großer Durst • Ausscheiden großer Urinmengen • Auffallend starker und häufiger Ausfluss beim Rüden

---

[42] Alles für den Hund, S. 103.

Neurologische Erkrankungen	• Krampfanfälle • Zunehmende Aggressivität • Stark verändertes Verhalten • Speicheln
Erkrankungen des Bewegungsapparates	• Lahmheit • Schwellungen • Gemindertes Aktivitätslevel
Hauterkrankungen	• Abszess (Schwellung mit Eiterausfluss) • Analer Juckreiz (siehe „Schlittenfahren" unter Abschnitt 2.1.5) • Haarausfall • Juckreiz
Augenerkrankungen	• Augenausfluss • Tränende Augen • Blaufärbung des Auges • Schwellung des Augapfels • Vermindertes Sehvermögen
Ohrenerkrankungen	• Häufiges Kratzen am Ohr oder starkes und häufiges Kopfschütteln • Strenger Geruch aus dem Ohr • Schwarz gefärbtes Ohrenschmalz • Zähe und eitrige Flüssigkeiten im Ohr

Quellen: Alles über Hunde (2008)[43], Kosmos Handbuch Hund (2008)[44]

Der Großteil der in der Tabelle genannten Symptome stellt sichere Anzeichen für ernstzunehmende Erkrankungen dar. Lediglich Symptome, wie ein gemindertes Aktivitätslevel, Husten, Nasenausfluss und Niesen, können Anzeichen für eine harmlose Erkältung oder eine schlechte Tagesform sein, die sich von selbst beheben. Die genannten Symptome sind von Ihnen auf Anhieb ernst zu nehmen und mit Alarmbereitschaft zu betrachten, wenn eine Vielzahl davon gleichzeitig auftritt. Im Ernstfall ist Ihr Hund nur beim Tierarzt richtig aufgehoben.

2.2.3 Fünf häufige Erkrankungen im Überblick

Hinter einzelnen Symptomen können sich verschiedene Krankheiten verbergen. Nachfolgend werden Ihnen fünf mögliche Erkrankungen bzw. Erkrankungsgruppen vorgestellt, um Ihnen einen Überblick zu geben. Die ersten drei sind einzelne Erkrankungen, worunter die tödlich verlaufenden Erkrankungen Staupe und Tollwut sowie die durch Zecken übertragene Borreliose fallen. Neben Staupe und Tollwut existieren mit Hepatitis, Parvovirose und Leptospirose drei weitere Infektionserkrankungen, die potenziell tödlich verlaufen können und sehr gefährlich sind. Anschließend betrachten wir die Gruppe der Magen-Darm-Erkrankungen und die Gruppe der Skeletterkrankungen.

---

[43] Rousselet-Blanc, P.: Alles über Hunde, S. 348ff.
[44] Winkler, S.: Kosmos Handbuch Hund, S. 270ff.

2.2.3.1 Staupe

Bei Staupe handelt es sich um eine Infektionskrankheit, die auf den Menschen nicht übertragbar, aber unter den Hunden hochgradig ansteckend ist. Die Symptome hängen davon ab, welches Organ von Staupe betroffen ist. Handelt es sich um die Lungenstaupe, dann treten typische Symptome, wie Atemnot und Husten, auf. Bei einer Nervenstaupe kommt es zu Lähmungen und Krämpfen.[45] Vom Virus sind insbesondere Welpen betroffen, wobei eine Infektion über den direkten Kontakt mit infizierten Tieren oder einen Kontakt mit deren Körperflüssigkeiten stattfindet.[46]

Die Heilungschancen sind nur im frühen Stadium gegeben und selbst dort äußerst gering. Nach der Gabe eines Immunserums durch den Tierarzt entscheidet der individuelle Krankheitsverlauf, ob der Hund die Erkrankung überlebt oder nicht. Beim Überleben bleiben meist Folgeschäden für das gesamte Leben zurück. Bei Hunden mit einer Nervenstaupe kommt in nahezu allen Fällen jede Rettung zu spät.

Tipp an Sie: Nutzen Sie die Möglichkeiten, vorbeugende Impfungen wahrzunehmen und lassen Sie keine der Impfungen aus!

2.2.3.2 Borreliose

Eine Borreliose kann auch beim Menschen auftreten. Durch den Befall von Zecken steigt die Gefahr auf einen Biss. Mit dem Biss werden die im Darm der Zecken befindlichen Borrelien, dies sind spezielle Bakterien, in den Organismus des gebissenen Lebewesens übertragen, was zu einer Infektion führt.

---

[45] Ludwig, G.: Das große GU Praxishandbuch Hunde, S. 204.
[46] Winkler, S.: Kosmos Handbuch Hund, S. 276.

Diese Infektion führt zu Gelenkentzündungen, die sich erst zwei bis drei Monate nach dem Zeckenbiss bemerkbar machen. Auch Nierenentzündungen mit tödlichen Folgen sind möglich.

Eine Borreliose muss mindestens 30 Tage lang mit Antibiotika behandelt werden. Diese händigt Ihnen der Tierarzt nach der Diagnose einer Borreliose aus. Die Heilungschancen bei Borreliose sind gut, wenngleich Rückfälle jederzeit möglich sind, da einige der Erreger im Körper verbleiben können.

> **Tipp an Sie: Nehmen Sie die Chancen zum Schutz vor Zecken wahr, indem Sie entsprechende Mittel (z. B. Halsbänder, Spot-on-Präparate) kaufen! Eine Schutzimpfung gegen Borreliose kann das Risiko einer Infektion nicht komplett ausschließen, aber immerhin mindern.**

2.2.3.3 Tollwut

Die Tollwut ist eine auf den Menschen und unter Hunden übertragbare Krankheit mit tödlichem Verlauf. Bei beiden Lebewesen ist nur im Falle einer vorhandenen Impfung eine Infektionsgefahr komplett ausgeschlossen! Der Krankheitsverlauf beginnt, bei einer Inkubationszeit von einem Jahr, mit Verhaltensänderungen, die sich mal in völliger und apathischer Ruhe, mal in aggressivem und bissigem Verhalten äußern. Diese Verhaltensänderungen werden mit zunehmender Dauer der Erkrankung extremer. In den Endstadien treten Lähmungen und Organversagen auf.[47]

---

[47] Ludwig, G.: Das große GU Praxishandbuch Hunde, S. 206f.

Tipp an Sie: Lassen Sie Ihren Hund gegen Tollwut impfen! Zudem sind ohne gültige Tollwutimpfungen keine Auslandsreisen möglich.

Hinweis!

In Deutschland ist bei Menschen sowie Wild- und Haustieren seit 2006 kein einziger Fall von Tollwut registriert worden[48]. Folglich gilt Deutschland als tollwutfrei. Dennoch wird eine Impfung empfohlen.

2.2.3.4 Magen-Darm-Erkrankungen

Magen-Darm-Erkrankungen umfassen mehrere mögliche einzelne Erkrankungen. Die mitunter häufigsten Erkrankungen des Magen-Darm-Traktes beim Hund sind die Magendrehungen und Verstopfungen.

Bei einer Magendrehung dreht sich der Magen einmal rundherum, was eine Zuschnürung der Speiseröhre und des Magenausganges zur Folge hat. Eine Gasbildung und eine verhinderte Durchblutung sind die Folgen. Zudem kann der Mageninhalt weder nach oben noch nach unten abgeführt werden. Eine Magendrehung macht sich durch einen an Umfang zunehmenden vorderen Bauchraum bemerkbar. Zudem fällt dem Hund die Atmung schwerer und er erbricht. Besteht der Verdacht einer Magendrehung, muss der Hund sofort zum Tierarzt. Es bleibt nur wenig Zeit. Ohne einen chirurgischen Eingriff wird der Hund sterben.

---

[48] https://focus-arztsuche.de/magazin/krankheiten/tollwut-impfung-und-symptome

Verstopfungen wiederum sind nicht zwingend ein Anzeichen für eine schwerwiegende Erkrankung. Sie erkennen eine Verstopfung am erschwerten Absetzen von Kot. Meistens sind Fütterungsfehler die Ursache, weswegen Sie sich hinterfragen sollten, ob die Ernährung des Hundes alle notwendigen Nährstoffe und vor allem ausreichend Ballaststoffe enthält. Zudem ist es möglich, dass die Ernährung richtig ist, aber die Nahrungsmittel in zu großen Stücken verabreicht und verspeist werden.

Bei häufigen und nicht endenden Verstopfungen sind Tumore, verstopfte Analbeutel und Schwellungen denkbare Ursachen, sodass eine Vorstellung beim Tierarzt notwendig wird.

Tipp an Sie: Gehen Sie lieber einmal zu häufig als einmal zu selten zum Tierarzt, wenn die Verstopfungen trotz Ernährungsprüfung anhalten! Lassen Sie bei Bedarf zuvor einen Ernährungsplan von einem erfahrenen Hundetrainer erstellen.

2.2.3.5 Skeletterkrankungen

Den Skeletterkrankungen gehören u. a. die Hüftgelenksdysplasie (HD), der Bandscheibenvorfall und die Arthrose an.

Eine Hüftgelenksdysplasie lässt sich insbesondere bei großen und schweren Rassen oft nicht verhindern. Sie ist erblich bedingt und kann durch eine artgerechte und regelmäßige Beschäftigung des Hundes (siehe Kapitel 3) sowie eine gesunde Ernährung (siehe Kapitel 4) hinausgezögert werden. Eine Hüftgelenksdysplasie lässt sich bereits ab dem zwölften Lebensmonat im noch beschwerdefreien Zeitraum durch ein

HD-Röntgen nachweisen.[49] Durch ein künstliches Hüftgelenk können die Beschwerden behoben und die Lebensqualität des Hundes wiederhergestellt werden.

Das Risiko eines Bandscheibenvorfalles besteht vor allem bei Hunden mit einem langen Rücken und kurzen Beinen, da diese Anatomie eine schnellere Abnutzung der Bandscheibenknorpel begünstigt. Beim Totalverfall der Bandscheibenknorpel ist eine Operation erforderlich. Davor bestehen die einzigen hilfreichen Maßnahmen in der Prävention und, bei Eintreten eines Bandscheibenvorfalls, die Gabe von Schmerzmitteln.[50]

Die Arthrose kommt bei Hunden vor, die Überlastungen ausgesetzt sind und nicht artgerechte Sportarten betreiben. Zudem besteht ein verstärktes Arthrose-Risiko für übergewichtige Hunde, da auf ihren Gelenken eine größere Last liegt. Häufiges Humpeln, geringere Freude und ein geringeres Ausmaß an Aktivitäten sowie Appetitlosigkeiten sind potenzielle Symptome. Die Behandlung erfolgt durch die Gabe schmerzstillender Mittel.[51]

Tipp an Sie: Achten Sie darauf, den Hund artgerecht zu belasten und zu fordern, wobei Ihnen das Folgekapitel 3 eine Hilfe sein wird! Bei Hunden mit einem erhöhten Risiko für Bandscheibenvorfälle wird empfohlen, Sprünge, wilde Spiele und Treppensteigen zu meiden.

---

[49] Ludwig, G.: Das große GU Praxishandbuch Hunde, S. 211f.
[50] Ludwig, G.: Das große GU Praxishandbuch Hunde, S. 211.
[51] Ludwig, G.: Das große GU Praxishandbuch Hunde, S. 211.

2.3 Erste Hilfe in Notfällen

Erkrankungen des Hundes unterscheiden sich von Notfällen dahingehend, dass sie meist schleichend auftreten. Notfälle wiederum sind anders: Ein bestimmtes Ereignis oder eine über lange Zeit unbemerkte Krankheit sorgt für plötzlich auftretende Beschwerden, die bei ausbleibender tierärztlicher Behandlung und ggf. ohne Erste Hilfe Ihrerseits tödlich ausgehen können. Sogar anfangs harmlose Unfälle können binnen weniger Stunden oder Tage zu einem Notfall werden. Aus diesem Grund ist es vorteilhaft, über ein Repertoire an Maßnahmen zu verfügen, um schnell und geistesgegenwärtig die richtigen Schritte zur Rettung des Hundes einzuleiten.

Möglicherweise haben Sie bereits einen Erste-Hilfe-Kurs für Menschen besucht. Häufig sind diese Kurse, z. B. für den Erwerb des Führerscheines, den Betrieb, Übungsleitertätigkeiten, Studiengänge und Aus- und Fortbildungen, verpflichtend. Oft wird ein solcher Kurs als langweilig und unangenehm beschrieben, da Kursabsolventen 7,5 Stunden lang dem Vortrag eines Dozenten lauschen müssen, der nicht immer interessant ist. Je nach Kursleiter und Kursbesucher variieren die Meinungen, aber viele Personen starten mit wenig Vorfreude in den Tag des Kursbesuches. Die Befürchtungen bestätigen sich meistens nur aufgrund der eigenen negativen Einstellung. Eine negative Einstellung ist hingegen nicht bei Personen vorhanden, die bereits mit Notfällen konfrontiert waren oder den Kurs machen, um bei Notfällen ihrer Kinder richtig vorbereitet zu sein. Sobald ein Bewusstsein dafür entsteht, wie wichtig Erste Hilfe ist, ändert sich die Einstellung: Ich will das lernen, um meinem/meiner Liebsten helfen zu können! Ich will das lernen, um nicht mehr ahnungslos dastehen zu müssen! Ich will das lernen, um Leben retten zu können!

Vertrauen Sie auf drei Dinge: Das Unterkapitel 2.3 zur Ersten Hilfe am Hund wird keine 7,5 Stunden dauern. Sie werden auch keine unangenehmen Übungen durchführen müssen. Aber dafür werden Sie besser informiert sein, wie Sie Ihrem Hund in einem Notfall helfen und schwere Schäden für die Gesundheit oder gar den Tod vermeiden können.

2.3.1 Die ersten Schritte bei Notfällen

Die ersten Schritte bei der Konfrontation mit einem Notfall am Hund bestehen in der Prüfung der Vitalzeichen. Die Vitalzeichen sind die von außen wahrnehmbaren Lebensfunktionen eines Organismus. Unabhängig von der Art des Notfalles – ob Autounfall, Sportverletzung oder Hitzschlag – ist das erste Vorgehen immer dasselbe:

- Annähern
- Bewusstsein kontrollieren
- Bei nicht vorhandenem Bewusstsein: Atmung kontrollieren

Die Annährung sollte vorsichtig erfolgen. Selbst Hunde, die in einem gesundheitlich bedenklichen Zustand sind, könnten angriffslustig werden oder zumindest zubeißen. Dies könnte daran liegen, dass sich der Hund in einer ungewohnten Situation befindet, die seinen Verstand beeinflussen kann. Sollten Sie im Zuge der Annährung feststellen, dass der Hund bei Bewusstsein ist, dann setzen Sie die Annäherung ruhig fort und reden Sie beruhigend auf ihn ein. Der Hund kann zwar nicht die gesprochenen Worte nachvollziehen, doch er wird Ihre Stimme erkennen und diese als beruhigend wahrnehmen. Dies hilft Ihm, mit der Schwere des Notfalls zurechtzukommen. Sollte der Hund keine klaren Bewusstseinszeichen von sich geben, dann reden Sie etwas lauter und schütteln Sie ihn leicht, denn eventuell ist er schläfrig und befindet sich an der Schwelle zur Bewusstlosigkeit. Kommt der Hund zu sich, ist er bei Bewusstsein. Bei einem bei Bewusstsein befindlichen Hund wird zur eigenen Sicherheit und zur Sicherheit der Umgebung eine Maulschlinge angelegt. Nutzen Sie dafür einen Schal, ein Halstuch oder eine Mullbinde. Das verwendete Utensil wird in der Mitte verknotet und unterhalb des Unterkiefers platziert. Anschließend wird eine Schlaufe über die Schnauze gelegt. Anschließend kreuzen Sie das Tuch lediglich unter der Schnauze und verknoten beide Enden hinter dem Kopf.[52]

Ein Hund, der bei Bewusstsein ist, wird näher auf bestimmte Krankheitssymptome oder auf eine Verletzung untersucht.

Um eine Bewusstlosigkeit festzustellen, reicht es nicht aus, den Hund anzusprechen, anzuschauen und leicht zu schütteln, woraufhin er nicht reagiert. Er könnte bei nicht vorhandener Reaktion nämlich nicht nur bewusstlos, sondern auch tot sein. Dementsprechend wird bei nicht vorhandener Reaktion eine Puls- und Atemkontrolle erforderlich, um über das weitere Vorgehen zu entscheiden. Den Puls kontrollieren Sie, indem Sie diesen auf der Innenseite des Oberschenkels im oberen Drittel ertasten. Die Atem- und Herzfrequenzprüfung erfolgt durch die Beobachtung des Brustkorbs, der sich heben und senken sollte. Alternativ können Sie an der seitlichen Brustwand ertasten, ob das Herz schlägt. Dieser Herzschlag wird als „Herzspitzenstoß" bezeichnet. Sollten sowohl die Atmung als auch die Herztätigkeit stark geschwächt und unregelmäßig sein oder gar keine Atmung sowie kein Herzschlag vorhanden sein, könnte der Hund klinisch tot sein und eine Wiederbelebung benötigen.[53]

---

[52] Ludwig, G.: Das große GU Praxishandbuch Hunde, S. 216.
[53] Winkler, S.: Kosmos Handbuch Hund, S. 261f.

Hinweis!

Eine fehlende oder schwache Atmung kann der Tatsache geschuldet sein, dass Fremdkörper in die Atemwege des Hundes gelangt sind. Sollte der Hund regungslos sein, dann ziehen Sie ihm vorsichtig die Zunge heraus und prüfen Sie, ob die Atemwege verstopft sind. Ein Herausziehen des Fremdkörpers, sofern dies ohne Verletzungsrisiken möglich ist, kann den Notfall lösen und dem Hund zur Atmung verhelfen.

Atmet der Hund nicht und schlägt auch sein Herz nicht, dann müssen Sie ihn wiederbeleben. Dies tun Sie, indem Sie den regungslosen Hund auf die Seite legen und den Kopf nach hinten strecken. Das Überstrecken des Kopfes öffnet die Atemwege. Anschließend ertasten Sie mit den Händen die Rippen des Hundes. Dies ist der Brustkorb und dort pressen Sie nun so stark, dass die Luft entweicht. Diese Druckstärke reicht zur Kompression des Herzens aus.

Ist eine Atmung vorhanden, aber der Hund reagiert nicht, wird der Hund auch hier auf der Seite gelagert und der Kopf überstreckt, indem Sie ihn nach hinten bewegen. Seien Sie achtsam; Sie werden merken, wann der Kopf nicht mehr weiter überstreckt werden kann. Ziehen Sie die Zunge aus dem Maul und legen Sie diese seitlich zwischen die Zähne. Eine Seitenlage sorgt dafür, dass der Hund die Zunge nicht verschluckt und sich bei Bedarf übergeben kann, ohne an seinem Erbrochenen zu ersticken. Seine Atemwege werden somit dauerhaft frei bleiben.

2.3.2 Einzelne Notfälle im Überblick

Sollte der Hund bei Bewusstsein sein oder sich in irgendeiner Form regen, können Sie anhand verschiedener Anzeichen erkennen, um welche Notfälle es sich handelt. Nachfolgend betrachten wir fünf Notfälle, die des Öfteren vorkommen. Dabei konzentrieren wir uns darauf, welche Anzeichen worauf hindeuten und welche Maßnahmen im Rahmen der Ersten Hilfe zu ergreifen sind.

2.3.2.1 Krampfanfall

Die häufigste Form des Krampfanfalles ist die Epilepsie. Jedoch sind auch andere Formen möglich, wie beispielsweise ein Krampfanfall infolge von Fieber oder Überanstrengung. Beim Krampfanfall verkrampfen sich sämtliche Muskeln des Körpers und der Hund zittert oder schlägt um sich. Es ist möglich, dass sich der Hund dabei auf die Zunge beißt und diese schlimmstenfalls abbeißt. Das gleiche Risiko besteht bei Menschen, die krampfen. Jedes krampfende Lebewesen hat keine Kontrolle über das eigene Verhalten während eines Krampfanfalles. Es ist weder bei Bewusstsein noch bewusstlos. Ein Krampfanfall bei Hunden kann regelmäßig vorkommen, z. B. wenn Behinderungen oder bestimmte Erkrankungen bestehen. Ebenso kann ein Krampfanfall auch nur als einmaliges Ereignis vorkommen. Für gewöhnlich dauert der Krampfanfall bis zu fünf Minuten an und hört von selbst auf.

Erste–Hilfe-Maßnahmen:

✓ Halten Sie den Hund auf keinen Fall fest! Dadurch könnten die Knochen gebrochen werden. Lassen Sie ihn stattdessen auskrampfen und polstern Sie – sofern möglich – die Umgebung, damit sich der Hund nicht verletzt.

✓ Stecken Sie dem Hund zum Schutz der Zunge **nichts** in den Mund, da er Ihnen den Finger abbeißen oder sein Kiefer dabei brechen könnte.

✓ Kontrollieren Sie nach dem Krampfanfall den Bewusstseinszustand und die Atmung des Hundes. Meistens wird er einige Minuten lang bewusstlos und erschöpft sein. Dann

> lagern Sie ihn seitlich und achten auf die Befreiung der Atemwege. Sollte der Hund nicht atmen, ist eine Wiederbelebung erforderlich.
>
> ✓ Decken Sie den Hund nach dem Krampfanfall mit Decken zu und halten Sie ihn warm. Geben Sie ihm nach dem Aufwachen etwas Futter und Wasser, damit er wieder zu Kräften kommt.

2.3.2.2 Hitzschlag

Kennen Sie die Berichte aus den Nachrichten und aus Bekanntenkreisen, die von im Sommer im Auto eingesperrten Hunden berichten? Nicht nur Hunde, sondern auch Babys werden des Öfteren im Sommer im Auto eingesperrt zurückgelassen. Bei Hunden passiert es allerdings häufiger. In Autos, die im Sommer in der prallen Sonne stehen, kann es, je nach Außentemperatur und Dauer, extrem warm werden. Bei einer Außentemperatur von 30 Grad Celsius können bereits nach 30 Minuten lebensgefährliche Innenraumtemperaturen von 46 Grad Celsius, nach 60 Minuten sogar 56 Grad Celsius herrschen. Es reicht nicht aus, das Fahrzeug einfach im Schatten zu parken oder das Fenster etwas geöffnet zu lassen. Durch die fehlende Luftzirkulation wird der Innenraum dennoch schnell erhitzt. Da Hunde nur wenige Schweißdrüsen haben und sich hauptsächlich über Hecheln abkühlen, können sie im heißen Wageninneren ihre Körpertemperatur nicht mehr regulieren. Sie erleiden irreparable Organschäden oder einen Herzstillstand. Auch bereits gerettete Hunde können an den Folgen der Hitzequal sterben.[54] Ein längerer Aufenthalt im Auto geht also mit einem Lebensrisiko einher. Auch bei Spaziergängen im Sommer ist ein Hitzschlag möglich.

---

[54] https://autofahrerseite.eu/sicherheit/334-hitze-im-geparkten-auto-es-droht-lebensgefahr.html

Ein Hitzschlag wird dadurch deutlich, dass der Hund hechelt. Dies tut er, um seine Körpertemperatur zu senken. Zudem kann eine starke Speichelbildung eintreten. Der Hund macht einen geschwächten Eindruck und hat eine hohe Körpertemperatur.[55] Darüber hinaus sind ein Kreislaufkollaps und eine Ohnmacht vorkommende Symptome.[56]

> **Erste-Hilfe-Maßnahmen:**
>
> ✓ Entfernen Sie den Hund aus der Hitze und bringen Sie ihn in einen schattigen Bereich. Überprüfen Sie die Vitalzeichen, sein Bewusstsein und die Atmung, und ergreifen Sie ggf. die bereits genannten notwendigen Maßnahmen.
>
> ✓ Sollte der Hund bewusstlos oder bei Bewusstsein sein, dann bespritzen Sie ihn in dem schattigen Plätzchen mit kühlem (jedoch nicht eiskaltem) Wasser.
>
> ✓ Eine sofortige Fahrt zum Tierarzt ist erforderlich. Sofern dies nicht möglich ist, legen Sie den Hund in eine Wanne mit lauwarmem Wasser und senken Sie die Wassertemperatur anschließend nach und nach.

2.3.2.3 Schock

Ein Schock hat in medizinischem Kontext nichts mit dem umgangssprachlichen „Schock" zu tun, der eine Starre infolge einer belastenden Nachricht oder eines beängstigenden Erlebnisses bezeichnet. Aus medizinischer Sicht ist der Schock ein Zustand, in dem ein Missverhältnis aus Sauerstoffbedarf und Sauerstoffversorgung besteht. Diese Ungleichheit kann u. a. folgende Gründe haben: Flüssigkeitsverluste durch Blutungen und Durchfälle, allergische Reaktionen, Herzerkrankungen,

---

[55] Rousselet Blanc, P.: Alles über Hunde, S. 353.
[56] Ludwig, G.: Das große GU Praxishandbuch Hunde, S. 217.

Vergiftungen, Überhitzung und Unterkühlung.[57] Der Körper ergreift beim Schock zunächst selbst Mechanismen zur Rettung. Diese bestehen in einer sogenannten Kreislauf-Zentralisation. Um den Hund so lange wie möglich am Leben zu erhalten, werden mit zunehmender Dauer nur noch Herz, Lunge und Gehirn mit Blut und Sauerstoff versorgt, weil dies die wichtigsten Organe sind. Je länger bei einem Schock gewartet wird, desto größer ist das Risiko für die nicht versorgten Organe, Schäden zu erleiden. Mit fortschreitender Dauer ist die Versorgung von Herz, Lunge und Gehirn nicht mehr möglich und der Tod des Hundes ist die Folge.

Die Kreislauf-Zentralisation führt zu den Symptomen, an denen ein Schock erkannt wird. Die fokussierte Versorgung von Herz, Lunge und Gehirn mit Blut und Sauerstoff hat zur Folge, dass der gesamte Körper friert. Eine kalte Körperoberfläche, die Sie durch Ertasten an den unbehaarten Bereichen des Hundekörpers feststellen, ist demzufolge das aussagekräftigste Symptom. Kommen eine erhöhte Atemfrequenz und ein pochender, schneller Puls als Symptome hinzu, ist die Feststellung eines Schocks umso eindeutiger. Eine Teilnahmslosigkeit und, im Falle eines allergischen Schocks, Juckreiz sowie Rötungen sind weitere Indizien.

Erste-Hilfe-Maßnahmen:

✓ Bringen Sie den Hund schnellstens zum Tierarzt, denn nur er kann lebensrettende Maßnahmen vollziehen!

✓ Sie können das Überleben des Hundes fördern, indem Sie ihn in Decken einwickeln und warmhalten. Durch den Wärmeerhalt wird das Fortschreiten des Schocks hinausgezögert, da es dem Körper somit leichter fällt, die Temperatur aufrechtzuerhalten.

---

[57] Winkler, S.: Kosmos Handbuch Hund, S. 263

> ✓ Achten Sie darauf, dass im Falle einer Unterkühlung auf keinen Fall die Vorder- und/oder Hinterläufe über Herzhöhe gehalten werden! Ansonsten wird kaltes, sauerstoffarmes Blut aus den Vorder-/Hinterläufen zum Herzen transportiert, was häufig zu einem Herzstillstand bzw. einem Kammerflimmern führt.

2.3.2.4 Vergiftung

Die Kontrolle über das, was der Hund aufnimmt, ist nicht immer zu gewährleisten. Einige Hunde verzehren, auch bei klaren Ansagen durch Herrchen oder Frauchen, mit aller Macht verschiedene Substanzen oder Dinge. Dies kann in einer Vergiftung enden. Folgende Substanzen rufen die häufigsten Vergiftungen hervor:

- Rattengift: Antikoagulanzien werden des Öfteren in Kellern ausgestreut.
- Metaldehyd: Im Garten wird Schneckenkorn verwendet.
- Organische Chlor- und Phosphorverbindungen: Hierbei handelt es sich um Insektizide. [58]

Jedes der Gifte löst andere Anzeichen aus und wird anders therapiert. Obwohl das Fachbuch *Alles über Hunde (2008)* unter bestimmten Umständen dazu rät, Brechmittel zu verabreichen, damit der Hund die giftige Substanz erbricht, wird Ihnen in diesem Ratgeber dringend davon abgeraten! Grund dafür ist, dass das Gift durch das Erbrechen aus dem Verdauungstrakt in die Atemwege und somit schneller ins Blut gelangen kann, von wo aus es sich beschleunigt im Organismus ausbreitet.

---

[58] Rousselet-Blanc, P.: Alles über Hunde, S.355.

> **Erste-Hilfe-Maßnahmen:**
>
> ✓ Falls möglich und noch nicht erfolgt, entfernen Sie den Hund von der Quelle der Vergiftung und bringen Sie ihn in Sicherheit. Stellen Sie das Gift, sofern dies möglich ist, sicher und nehmen Sie es zum Tierarzt mit.
>
> ✓ Bringen Sie den Hund sofort zum Tierarzt oder in die Tierklinik. Rufen Sie vorher an, um sich über mögliche Gegenmittel zum Gift zu informieren, die Sie eventuell bei sich im Haushalt vorrätig haben und anwenden könnten.
>
> ✓ Achten Sie auf Anzeichen eines Schockes. Dieser kann infolge von Vergiftungen entstehen.

2.3.2.5 Fremdkörperaspiration

Fremdkörperaspiration ist jener Notfall, der in der Umgangssprache als „Verschlucken" bezeichnet wird. Zur Fremdkörperaspiration kommt es, wenn ein Fremdkörper in die Atemwege gelangt und diese dadurch verstopft oder verengt werden. Dann ist es nicht oder nur erschwert möglich, zu atmen. Der Hund droht, zu ersticken.

> **Kurzer Einblick…**
>
> Eine gezielte Erziehung des Hundes daraufhin, nur aus Ihrer Hand zu fressen, wirkt dem Risiko einer Fremdkörperaspiration effektiv entgegen. Das Buch *Futter gibt's nur von mir* (2016) behandelt diese Thematik ausführlich. Als geeignete Methoden, um den Hund auf eine Futtereinnahme nur von den gewünschten Quellen zu konditionieren, werden u. a. der Aufbau eines sicheren Rückrufsignals, ein Training der Impulskontrolle, das Zwingen zum Ausspucken und das Herstellen von bestimmten Dingen als Lockmittel genannt.[59] Möchten Sie einen

---

[59] Hoffmann, A.: Futter gibt's nur von mir, 2016.

Prävention

> Schwerpunkt auf das Training des Fressverhaltens Ihres Hundes legen, so ist das genannte Buch von Alexandra Hoffmann eine ideale Empfehlung.

Tritt der Ernstfall ein, dann müssen Sie schnell und geistesgegenwärtig reagieren. Sie stellen eine Fremdkörperaspiration durch eine akute Atemnot oder verschlechterte Atmung des Hundes fest. Ggf. weisen Indizien in der naheliegenden Umgebung darauf hin, dass sich der Hund an etwas verschluckt hat.

> **Erste-Hilfe-Maßnahmen:**
>
> ✓ Heben Sie den Hund an den Hinterläufen hoch, sodass der Kopf nach unten zeigt. Schütteln Sie den Hund einige Male.
>
> ✓ Wenden Sie den „Heimlich-Griff" an. Eine solche Erste-Hilfe-Maßnahme existiert auch für Menschen. Dabei umfassen Sie den Hund mit beiden Armen und pressen rhythmisch, stark und ruckartig gegen den Brustkorb.
>
> ✓ Bringen Sie den Hund schnellstmöglich zum Tierarzt oder in die Tierklinik, wenn die genannten Maßnahmen nicht weiterhelfen. Dort bestehen aufgrund der Qualifikationen des Personals und der Ausstattung Möglichkeiten zu einer operativen Entfernung des Fremdkörpers.

Falls der Fremdkörper durch das Pressen auf den Brustkorb entfernt wurde und der Hund wieder atmet, sollten Sie dennoch zum Tierarzt gehen. Eine mögliche Folge des Griffs bzw. Pressens gegen den Brustkorb ist das Einreißen bzw. die Schädigung innerer Organe. Sie sehen dies äußerlich nicht, aber im Inneren kann der Hund Blutungen haben, die lebensgefährlich sind. Lassen Sie deswegen im Anschluss an eine erfolgreiche Behandlung durch den „Heimlich-Griff für Hunde" immer einen Check-up beim Tierarzt machen.

2.3.3 Behandlung sichtbarer Wunden

Bei Blutungen, Verbrennungen, Brüchen und Stichen sind die Wunden in der Regel direkt sichtbar. So lassen sich theoretisch schneller Maßnahmen einleiten als dies bei Notfällen möglich ist.

2.3.3.1 Ihre eigene Sicherheit steht an erster Stelle!

Eine der Grundregeln der medizinischen Erstversorgung von Menschen und Tieren ist, dass die eigene Sicherheit vorgehen sollte. Der Grund dafür ist das große gesundheitliche Risiko beim Kontakt mit offenen Wunden. Wird Körperflüssigkeit zwischen zwei Lebewesen ausgetauscht – dazu reicht bei beiden Lebewesen bereits eine kleine Wunde – besteht ein großes Risiko hinsichtlich der Übertragung von Krankheiten und Infektionen. Gewöhnen Sie sich daher an, bei der Behandlung offener Wunden immer Einmalhandschuhe zu tragen. Auch dann, wenn Sie sich sicher sind, selbst keine Wunde zu haben, kann es dennoch irgendwo an Ihrem Körper eine kleine Verletzung geben, die eine Übertragung von Infektionen ermöglicht.

Sollten Sie keine Einmalhandschuhe haben, dürfen Sie einen Menschen oder einen Hund mit aller Vorsicht natürlich auch versorgen. In den meisten Fällen weist das zu behandelnde Lebewesen keine Infektion auf. Achten Sie jedoch unbedingt darauf, nicht mit dem Blut in Kontakt zu kommen.

2.3.3.2 Nützliche Ausrüstung im Verbandskasten

Für die Behandlung von Blutungen, Verbrennungen, Brüchen und Stichen gibt es im Verbandskasten eine Ausrüstung, die Sie kennen sollten. Die folgende Tabelle informiert Sie kompakt über die einzelnen Bestandteile.

Prävention

Ausrüstung	Einsatzzweck	Anwendbar bei folgenden Notfällen
Einmalhandschuhe	Eigenschutz	• Blutungen • Offene Brüche • Verbrennungen • Stiche
Schere	Schneiden von Verbandsmaterial	• Blutungen • Brüche • Verbrennungen
Kompresse/ Wundauflage[1]	Abdecken einer offenen Wunde	• Blutungen • Offene Brüche • Verbrennungen
Verband	Umwickeln einer offenen Wunde	• Blutungen • Offene Brüche • Verbrennungen
Rettungsdecke	Wärmeerhalt und Prävention eines Schockes	• Blutungen • Offene Brüche • Verbrennungen • Stiche
Verbandtücher[2]	Abdecken großer Wunden, für die eine oder mehrere Wundauflagen nicht ausreichen	• Blutungen • Offene Büche • Verbrennungen
Desinfektionsmittel	Desinfektion der Wunde	• Blutungen • Offene Brüche • Stiche
Eventuell: Pinzette	Vorsichtiges Entfernen eines Insektenstachels bei Stichen	• Stiche

[1] Wundauflagen sind meist als weiße und dicke Abdeckung deutlich sichtbar im Verband integriert, liegen manchmal aber separat im Verbandskasten.

[2] Verbandtücher sind, im Vergleich zu den kleinen Wundauflagen, wesentlich größer.

Die Ausrüstung ist so konzipiert, dass sie ohne Bedenken auch von Laien angewendet werden kann. Dem war nicht immer so: Früher gab es beispielsweise bei Wundauflagen zwei Seiten, von denen eine bei Verbrennungen, die andere bei Blutungen anzuwenden war. Wurde die falsche Seite bei Verbrennungen verwendet, dann verklebte die Wundauflage mit der Brandwunde.

Eine Schere können Sie alternativ auch zum Entfernen von Kleidung nutzen, sollte Ihr Hund Kleidung tragen und diese der Wundversorgung im Weg stehen. Reißen Sie Kleidung bei vorhandenen Wunden niemals rücksichtslos weg, weil dies für den Hund schmerzhaft sein wird und die Verletzung dadurch verschlimmert werden kann. Bei Verbrennungen verklebt Kleidung häufig mit der Brandwunde. In diesem Fall dürfen Sie diese nicht entfernen, sondern nur die Kleidungsfetzen entlang der Brandwunde wegschneiden.

2.3.3.3 Korrekte Behandlung einzelner Wunden

Je nachdem, ob Blutung, Bruch, Verbrennung oder Stich vorliegt, variieren die Maßnahmen. Bei Blutungen ist es wichtig, zwischen einer starken und einer leichten zu unterscheiden. Dabei ist die Größe der Wunde, die Menge des bereits entstandenen Blutverlustes und die Austrittsgeschwindigkeit des Blutes ausschlaggebend. Grundsätzlich ist die Blutung immer dann stark, wenn das Blut in Strömen herausfließt oder sogar herausspritzt. Hier liegt eine arterielle Blutung vor.

Prävention

> **Kurzer Einblick…**
>
> Als Arterien bezeichnet man per Definition alle Blutgefäße, die das Blut vom Herzen wegführen. Die Verletzung einer Arterie, z. B. durch eine Schnitt- oder Stichverletzung, führt zu einer Spritzblutung, die einen größeren Blutverlust nach sich ziehen kann. Sie muss daher schnell chirurgisch versorgt werden.[60]

Eine starke Blutung wird sich durch einen einfachen Verband nicht stoppen lassen. In diesem Fall wird ein Druckverband notwendig. Legen Sie dafür ggf. mehrere Wundauflagen oder ein Verbandtuch auf die Wunde und fixieren Sie diese. Platzieren Sie ein Druckpolster, z. B. ein Verbandpäckchen, auf der Wundauflage. Umwickeln Sie die Wunde nun stramm mit Binden. Anschließend werden weitere Maßnahmen durch den Tierarzt notwendig.

Bei einer kleineren Blutung nutzen Sie eine oder zwei Wundauflagen und wickeln einen Verband um die Wunde. Um den Verband gut zu befestigen, schneiden Sie die letzten 300 bis 500 Zentimeter der Binde mittig der Länge nach durch, sodass Sie das Ende in zwei Hälften vorliegen haben. Eine Hälfte wickeln Sie nochmals um die Wunde. Abschließend verknoten Sie beide Enden.

Eine kleine Wunde darf vor der Versorgung desinfiziert werden, bei einer starken Blutung ist davon abzusehen.

Neben Blutungen gibt es die Brüche. Da sich oft nur offene Brüche nach außen hin deutlich als Brüche diagnostizieren lassen, ist für eine Feststellung geschlossener Brüche auf folgende Symptome zu achten:

---

[60] https://flexikon.doccheck.com/de/Arterie

- Abnorme Beweglichkeit oder extreme Fehlstellung des Körperteils: Das Körperteil befindet sich in einer Position, die über den natürlichen Bewegungsradius Ihres Hundes hinausgeht. Wichtiger Hinweis: Bewegen Sie das Körperteil nicht, um die Beweglichkeit zu prüfen! Dies verschlimmert die Verletzung.
- Starke Schmerzen des Hundes
- Auffällige Haltung eines Körperteils
- Starke Schwellung an der betroffenen Körperstelle

Bei der Behandlung ist es wichtig, das betroffene Körperteil vorsichtig zu behandeln, da der Hund aus Angst und Schmerz reflexartig zubeißen könnte. Auch hier empfiehlt sich das Anlegen einer Maulschlinge.

Die Bruchstelle gehört bei einem offenen Bruch abgedeckt. Sowohl ein offener als auch geschlossener Bruch werden im Rahmen der vor Ort vorhandenen Möglichkeiten geschient oder gepolstert. Der Hund wird bestenfalls mit mehreren Personen zum Tierarzt transportiert. Die Unterlage für den Transport sollte fest sein.

Verbrennungen werden nicht gekühlt! Eine Kühlung kann bei großflächigen Verbrennungen einen Schock auslösen, bei kleinen Verbrennungen können Zellen absterben. Große Verbrennungen sind gegeben, wenn der Körper des Hundes um mehr als die Größe einer Handfläche betroffen ist. Kleine Verbrennungen umfassen weniger als die Größe einer Handfläche. In jedem Fall ist das sterile Abdecken der Wunde wichtig. Bei großflächigen Verbrennungen wird die Wunde nur abgedeckt und der Hund anschließend zum Tierarzt gebracht, da es sich um einen lebensgefährlichen Notfall handelt oder mit fortschreitender Dauer ein Lebensrisiko eintritt. Kleinflächige Verbrennungen werden nach der Abdeckung mit einem Verband umwickelt. Unter keinen Umständen sollten Sie Verbrennungen desinfizieren! Neben der Größe der Verbrennungen ist die Tiefe zu beachten. Hat eine kleine Verbrennung eine außerordentliche Tiefe, was sich durch eine Sicht auf die tiefsten Gewebeschichten bemerkbar macht, dann ist die Wunde abzudecken, zu verbinden und daraufhin eine Untersuchung bzw. eine Behandlung durch den Tierarzt notwendig.

Hinweis!

Verbrennungen können infolge von Stromschlägen eintreten. Selbst bei einem scheinbar nicht riskanten und nur kurzen Stromschlag ist der Tierarzt aufzusuchen. Einerseits erleiden Hunde Stromschläge des Öfteren im Maulbereich, wo diese schlechter heilen und die Nahrungsaufnahme einschränken.[61] Andererseits kann noch 24 Stunden nach dem Stromschlag der Herzrhythmus beeinflusst werden, was ein Kammerflimmern und einen Herzstillstandes auslösen kann. Dieses Zeitfenster gilt bei Stromschlägen auch für Menschen. Ob Mensch oder Tier – wer sich am Stromkreis befindet bzw. „am Strom klebt", wird nicht direkt angefasst. Nehmen Sie einen Gegenstand, der keinen Strom leitet, und befördern Sie damit das Lebewesen vom Stromkreis hinfort (z. B. durch ein Wegschieben mit Schuhen, die eine Gummisohle haben oder durch das Wegstupsen mit einem Stab aus Holz). Was noch besser ist: Schalten Sie den Strom schnell ab.

Auch Stiche können einen Schock auslösen. Achten Sie daher auf die typischen Anzeichen. Liegt kein Schock vor, können sich Insektenstiche durch Juckreiz, tränende Augen und ein auffälliges Verhalten äußern. Untersuchen Sie die Haut genau. Finden Sie den Stachel des Insektes vor, dann entfernen Sie ihn vorsichtig mit einer Pinzette. Der Stachel soll nicht abbrechen. Liegt kein Stachel vor oder sehen Sie keinen, so decken Sie die Wunde ab, verbinden Sie diese und suchen Sie einen Tierarzt auf.

---

[61] Rousselet-Blanc, P.: Alles über Hunde, S.353.

Bei allen genannten Situationen ist die Rettungsdecke zur Schockprävention einzusetzen. Umwickeln Sie den Hund mit dieser, um den Wärmeerhalt sicherzustellen. Achten Sie bei Verbrennungen darauf, dass Sie die Wunde vorher steril abgedeckt haben. Die Rettungsdecke eignet sich nämlich nicht zur sterilen Abdeckung von Wunden und verklebt darüber hinaus mit Brandwunden.

2.4 Fazit

In diesem Kapitel erhielten Sie viele Ratschläge. Falls bei Ihnen nun die Frage aufkommt, wo Sie anfangen und wie Sie diese Ratschläge befolgen sollen, dann genießen Sie volles Verständnis. Optimal ist es, wenn Sie bei den Punkten anfangen, die definitiv und ohnehin notwendig sind. Dies ist die Pflege des Hundes und die Vorsorge, insbesondere durch Impfungen. Erstellen Sie dafür einen Plan, in dem Sie die angestrebten Pflegemaßnahmen und Vorsorgeuntersuchungen sowie -impfungen beim Tierarzt datieren. So haben Sie stets einen Überblick. Sollten Ihnen bestimmte Pflegemaßnahmen unangenehm oder nicht verständlich sein, dann fragen Sie Ihren Tierarzt oder andere Hundehalter. Der Großteil der Pflegemaßnahmen macht sogar Spaß, schafft eine innigere Bindung zum eigenen Vierbeiner und animiert durch Ihre Erzählungen andere Hundehalter, sich ebenfalls um das Wohlergehen des Hundes intensiver zu kümmern. Bezüglich der Hinweise und Maßnahmen bei Erkrankungen genügt es vollkommen, wenn Sie dieses Buch in Ihrem Haushalt oder bei längeren Aufenthalten an anderen Orten griffbereit haben. So können Sie immer nachschlagen, wenn Sie etwas Seltsames an Ihrem Hund bemerken. Je besser Sie die Symptome und Maßnahmen auswendig wissen, desto schneller können Sie in Notfällen handeln, insbesondere dann, wenn Sie dieses Buch nicht zur Hand haben sollten. Legen Sie sich einen kleinen Plan an, mit dessen Hilfe Sie die Erste-Hilfe-

Prävention

Maßnahmen dieses Kapitels schnell erlernen und regelmäßig wiederholen können. Vertiefen Sie Ihre Erkenntnisse zudem durch andere Quellen. Beherrschen Sie die medizinische Erstversorgung, so tragen Sie durch Prävention bzw. Lebensrettung dazu bei, die Wahrscheinlichkeit für ein langes Hundeleben zu erhöhen.

3 Beschäftigung: Ja, aber bitte artgerecht!

Eine Beschäftigung für den Hund ist notwendig, damit dieser körperlich und geistig gesund bleibt. Der Körper und die Psyche des Hundes haben Parallelen zu denen des Menschen. Somit führt ein Mangel an Aktivität zu einer Verkümmerung der Muskeln und des Skelettes. Die fehlende Abwechslung im Alltag führt zu Langeweile und steigert das Risiko für psychische Erkrankungen. Aus diesem Grund nutzen viele Hundebesitzer das Angebot auf dem Markt, das, neben speziellen Ausbildungen und Hundetrainings, die in einer Vielzahl vorhandenen Spielzeuge umfasst. Ist das Angebot automatisch artgerecht, nur weil es „für Hunde" ist? Das ist es nicht, wie Sie bereits im zweiten Kapitel erfahren konnten. Hunde unterscheiden sich nicht nur im Hinblick auf die Rasse, sondern auch in Bezug auf die Persönlichkeit. Demzufolge ist eine artgerechte Beschäftigung individuell zu betrachten und zu gestalten. Wer die individuellen Bedürfnisse seines Hundes befriedigt, steigert die Chancen auf eine langanhaltende Gesundheit.

3.1 So gestalten Sie selbst eine artgerechte Hundebeschäftigung!

Dieses Unterkapitel ist eine Anleitung dafür, wie Sie selbst an den kleinsten und unscheinbarsten Stellen Neuerungen und Abwechslungen integrieren können, die Ihren Hund fördern. Mittels gezielter Akzente, wie beispielsweise der regelmäßigen

Variation der Farben des Futternapfs, ist es möglich, Sinne zu trainieren, ohne den Hund zu einer besonderen Aktivität animieren zu müssen. Der Wechsel der Decke am Hundeschlafplatz trägt ebenfalls zu einer sinnesfördernden Abwechslung bei, die dem Hund keine separate Anstrengung abverlangt. Sie lernen in diesem Kapitel anhand fünf Stimuli – Sensorik, Futter, Manipulation, Umwelt, Soziales Umfeld – den Hund artgerecht zu beschäftigen und seine Weiterentwicklung zu fördern. Alle Anreize zu den Stimuli und zur artgerechten Hundebeschäftigung stammen aus dem Buch *Allzu viel ist ungesund* (2017). Die drei Autoren, Adler, Braun und Gansloßer, setzen in ihrem Werk einzigartige und kreative Akzente. Die Lektüre lehrt weit mehr als die bloße Praxis von Hundetrainings und setzt neue Maßstäbe in der artgerechten Beschäftigung von Hunden. Neben umfassenderen Maßnahmen und Trainings steht in den folgenden Abschnitten auch die Arbeit an Kleinigkeiten im Vordergrund, was bedeutet, dass Sie mit einem Minimum an Maßnahmen einen größtmöglichen Effekt erzielen und dem Hund reichlich Raum zur Erholung und zum Hund-Sein geben. Im Vordergrund bei den in diesem Unterkapitel thematisierten Maßnahmen steht das sogenannte „SCAN-Prinzip".

> **Kurzer Einblick...**
>
> Das SCAN-Prinzip ist vom britischen Tierforscher Trevor Poole konzipiert worden und trägt in vier Worten die wichtigsten Anforderungen an Beschäftigungen für Hunde zusammen. Dabei steht das „S" für Safety (Deutsch: Sicherheit): Der Hund soll Rückzugszonen im Haus haben, die ihm gehören und von keinem anderen betreten werden. Ein Beispiel dafür ist der Hundekorb. Zudem wird eine Planungssicherheit gefordert, die durch mindestens einen zuverlässigen Sozialpartner, in jedem Fall das Herrchen oder Frauchen, sichergestellt ist. Das „C" steht für die Complexity (Deutsch: Komplexität): Die Umwelt des Hundes sollte nicht eintönig oder langweilig sein, sondern den Hund durch Veränderungen und Neuerun-

> gen zu Denk- und Handlungsprozessen anregen. Durch das „A", sollen die Achievements (Deutsch: Erfolge) ins Prinzip eingebracht werden: Je nachdem, welchen Spielraum die jeweiligen Aktivitäten bieten, sollten dem Hund im Rahmen dieses Spielraums Erfolgserlebnisse ermöglicht werden. So stellen sich Wohlbefinden und Zufriedenheit beim Hund ein. Das SCAN-Prinzip endet mit dem „N", das New (Deutsch: Neues) verlangt, um damit den Alltag des Hundes zu bereichern.[62]

Sämtliche, im Folgenden angeführten, Maßnahmen zur Hundebeschäftigung richten sich nach dem SCAN-Prinzip. Dadurch entsteht eine artgerechte Beschäftigung für den Hund, die diesem ermöglichen, seine natürlichen Verhaltensweisen auszuleben und den Bewegungsapparat zu trainieren.

3.1.1 Sicherheit

Die erste Maßnahme zur Einhaltung des SCAN-Prinzips ist die Herstellung der Sicherheit und Zuverlässigkeit. Wie auch beim Menschen führen Rituale nach einiger Zeit zur Gewohnheit. Positive Gewohnheiten sind im Leben eines jeden Lebewesens förderlich, weil sie keine Überwindungen erfordern, sondern automatisiert erfolgen. Negative Gewohnheiten müssen zunächst beseitigt werden, was sich insbesondere beim Hund als schwer erweist, da man sprachlich und argumentativ nicht zu ihm durchdringen kann, wie dies bei einem Menschen möglich ist. Das bedeutet also, je früher im Leben eines Hundes positive Gewohnheiten in Form von Ritualen etabliert werden, desto zuverlässiger und sicherer fühlt sich der Hund im Handeln. Auch gibt er zwischen den Aktivitäten eher Ruhe und beschäftigt sich selbst, weil er weiß, dass er demnächst sein Ri-

---

[62] Adler, Y.; Braun, G.; Gansloßer, U.: Allzu viel ist ungesund, S. 28.

tual und somit seine Beschäftigung haben wird. Zudem helfen Rituale, Vertrauen in die eigene Umgebung zu entwickeln.

Ein Übermaß an Aktivitäten gehört nicht in das Leben eines Hundes. Erwachsene Hunde schlafen nicht selten 16 bis 18 Stunden am Tag und sollten daher ohnehin nicht zu jeder Aktivität mitgenommen werden. Ein Tagesablauf, der tägliche Aktivitäten in Vereinen oder bei Trainingsprogrammen vorsieht, ist ebenfalls abzulehnen. Wichtig ist die Integration von Ruheprogrammen, die dem gezielten Stressabbau dienen.

Hinweis!
Die Hormonausschüttung findet bei Hunden in einer anderen Dimension als bei Menschen statt. Zum einen reagieren sie empfindlicher als der Mensch auf Situationen, sodass es eher zur Ausschüttung von Stresshormonen kommt. Zum anderen dauert der Abbau der Stresshormone bei Hunden länger. Adrenalin und Noradrenalin, die Hormone des Kampf- und Fluchtsystems, werden erst nach mehreren Stunden abgebaut, das Stresshormon der Nebennierenrinde, Cortisol, sogar erst nach mehr als einem Tag.

Testen Sie individuell, wie Ihrem Hund bestimmte Programme gefallen und ob ein Trainings- oder Verhaltensprogramm überhaupt notwendig ist. Sind Sie als Hundehalter einfallsreich und befolgen die Tipps dieses Kapitels, brauchen Sie definitiv keine Programme, sondern können die Beschäftigung des Hundes selbst gestalten.

Damit der Hund in den einzelnen Ritualen Sicherheit und Wohlbefinden entdeckt, sind zwei Aspekte wichtig:

1. Wie halte ich Stressfaktoren aus den Ritualen fern?
2. Wie viele Ruhetage soll ich meinem Hund wöchentlich geben?

Beschäftigung

Bereits ein einfacher Spaziergang kann stressig werden, wenn man an das Aufeinandertreffen mit anderen Hunden, Menschen, Fahrrädern, Autos und diversen weiteren Sinnesreizen denkt. Folgende Maßnahmen eignen sich zur Senkung des Stresspegels im Rahmen von Ritualen:

- Schnüffeln: Wer beim Spaziergang oder bei anderen Aktivitäten Orte wählt, an denen der Hund möglichst viel schnüffeln und verschiedenste natürliche Dinge riechen kann, trägt zum Stressabbau hocheffektiv bei. Denn die Reize erreichen ungefiltert das limbische System im Gehirn des Hundes und tragen zu einer Verknüpfung des Gerochenen mit Emotionen bei.
- Leichte Steigerung der Menge äußerer Reize: Im jungen Alter sollte der Hund langsam mit äußeren Reizen konfrontiert werden. Spaziergänge sollten vorzugsweise an Orten stattfinden, die gering besucht sind. Hat sich der Hund an die Begegnung mit anderen Hunden oder Menschen gewöhnt, so können die Spaziergänge an andere Orte verlegt werden, wo einige Reize mehr vorhanden sind. Durch diese leichte Steigerung kann der Hund den Umgang mit Stressfaktoren besser bewältigen, was sich wiederum positiv auf seine Psyche auswirkt.
- Kauen: Hat der Hund bei einem Ritual die Möglichkeit, zu kauen, so wird Stress abgebaut. Entsprechende Kauartikel oder Nahrungsmittel können auch für unterwegs mitgenommen werden. Bereits nach ca. 15 Minuten des Kauens ist eine signifikante Wirkung im Stressabbau gegeben.

Außerhalb dieser Maßnahmen, die sich im Rahmen von Aktivitäten integrieren lassen, gibt es weitere Maßnahmen, die sich selbst als Rituale zum Stressabbau nutzen lassen. Hierzu zählt einerseits der Schlaf, der ohne Störfaktoren verlaufen sollte.

Dies ist für das Wohlergehen eines Hundes essenziell. Andererseits fließt auch die Kuschelzeit in den Stressabbau ein. Hat der Hund die Möglichkeit, sich an Herrchen oder Frauchen zumindest anzulehnen oder mit anderen Hunden zu kuscheln, kommt es zur Ausschüttung des Hormons Oxytocin.

Die Ruhetage des Hundes sollten so gestaltet werden, wie es Ihnen passt. Dies bezieht sich sowohl auf die Anzahl als auch auf die Gestaltung der Ruhetage. Sofern Sie an zwei Tagen pro Woche frei haben, könnten Sie versuchen, diese beiden Tage als Ruhetage für den Hund festzulegen. So können Sie gemeinsam mit dem Hund entspannte Tage verbringen und haben genug Zeit, um selbst außer Haus zu gehen und den Hund mal alleine zu lassen. Sie können Ihre gemeinsamen Ruhetage auch mit angenehmen Düften, Entspannungsmusik, Akupunktur und Homöopathie sowie kräuterreicher Ernährung gestalten. Auch beruhigende Farben wirken sich positiv auf den Hund aus.

Hinweis!

Im Gegensatz zu der weit verbreiteten Annahme, dass Hunde alles nur in schwarz-weiß sehen können, nehmen sie die Farben in anderen Abstufungen wahr. Der Grund dafür sind die Zapfen und Stäbchen im Hundeauge, die eine andere Aufteilung als beim Menschen haben. Dies führt dazu, dass verschiedene Farben durchaus eine Wirkung auf den Hund haben.

3.1.2 Komplexität und Neues

Die wichtigen Stimuli im Zusammenhang mit der Beschäftigung des Hundes wurden bereits aufgezählt und werden nun anhand von Beispielen näher erläutert, um eine artgerechte Hundebeschäftigung zu ermöglichen. Die abwechslungsreiche

Nutzung von Umweltreizen trägt automatisch zu einer optimalen Stimulation bei.

3.1.2.1 Sensorische Stimuli: Farben, Größen und Gerüche variieren!

Die sensorischen Stimuli lassen sich im Rahmen aktiver und passiver Übungen trainieren. Bei aktiven Übungen trainieren Sie einen Sinn ganz gezielt, wobei Sie die Übung über einen bestimmten Zeitraum mit Ihrem Hund durchführen. Passive Übungen hingegen werden tagsüber, irgendwann bei Gelegenheit, im Haushalt oder außerhalb integriert. Es kann manchmal eine Maßnahme von wenigen Sekunden Dauer sein, die „mal eben nebenbei gemacht" wird, um einen der Sinne des Hundes auf einen bestimmten Umweltreiz zu sensibilisieren, und schon handelt es sich um eine passive Übung.

Sehsinn

Der Hund hat einen Sehsinn, der durch verschiedene Farben und Formen gefordert und trainiert werden kann. Das Praktische ist, dass sich entsprechende Umweltreize bereits durch sehr einfache Maßnahmen umsetzen lassen und nicht zwingend separate Aktionen erfordern. Als Beispiel lässt sich der Futternapf anführen, aus dem der Hund täglich frisst: Wie wäre es mit einem Farbwechsel des Futternapfes? Der Kauf eines neuen Futternapfes oder das Umkleben mit Farbbändern ermöglicht einen Farbwechsel, der den Hund anregt, sich mit der neuen Farbe auseinanderzusetzen. Beim Kauf eines neuen Futternapfes lässt sich auch dessen Größe variieren. Interessant ist, dass Hunde Objekte hinsichtlich deren Größe und Oberflächenbeschaffenheit besser unterscheiden können als anhand deren Form. Sollte dem Hund ein Würfel zum Spielen gegeben werden, der genauso groß wie der Ball ist, mit dem er normalerweise spielt, wird der Hund zwei ähnliche Objekte sehen.

Würde aber ein weitaus größerer oder kleinerer Ball ausgegeben, würde dies den visuellen Sinn des Hundes besser trainieren.[63] Selbstverständlich sind jedoch auch gezielte Übungen und Ausflüge zum Training des Sehsinnes denkbar.

> **Beispielaufgabe**
>
> Eine geeignete Übung für den Hund ist das „Hütchen-Spiel". Bei diesem Spiel werden Tassen in verschiedenen Formen oder Größen verwendet, um darunter z. B. einen Leckerli zu verstecken. Ohne die Tassen aufzudecken und das Leckerli zu entfernen, werden die Plätze der Tassen vertauscht und anschließend muss der Hund erraten, unter welcher Tasse das Leckerli versteckt ist.

Der Vorteil der Verwendung von Leckerlis für dieses Spiel besteht darin, dass der Hund direkt eine Belohnung für das Entdecken erhält, die ihm zusagt. So stellt sich das Gefühl eines Erfolgs ein. Das Erfolgsgefühl ist ein wichtiger Aspekt der sinnvollen und erfüllenden Hundebeschäftigung und sollte am Ende einer jeden Beschäftigung stehen. Denn nur so wird ein Glücksgefühl erzielt, das positive Auswirkungen auf die Psyche hat und dem Hund den Sinn in der Aktivität zeigt.

Geruchssinn

Neben dem Sehsinn ist das Training des Geruchssinnes wichtig. Der Geruchssinn des Hundes ist für ihn der wohl wichtigste Sinn. Der Hund verfügt, je nach Rasse, über 120 bis 215 Millionen mehr Riechzellen als der Mensch. Ein Hund definiert sich über seinen Geruch. Je früher dieser trainiert wird, desto ausgeprägter wird der Geruchssinn des Hundes noch im

---

[63] Adler, Y.; Braun, G.; Gansloßer, U.: Allzu viel ist ungesund, S. 106f.

hohen Alter sein. Durch das am Gaumen befindliche „Jacobsonsche Organ" haben Hunde die Möglichkeit, Gerüche sogar zu schmecken. Fördern können Sie den Geruchssinn, indem Sie den Hund viele Aktivitäten an der frischen Luft durchführen lassen. Insbesondere die Gegenden, wo eine große Vielfalt an Pflanzen und Bäumen vorhanden ist, sind bei Hunden beliebt. Zuhause wird der Geruchssinn dadurch gefördert, wenn neue Gerüche in den Haushalt integriert werden.

> **Beispielaufgabe**
>
> Feuchten Sie ein Tuch mit einer Flüssigkeit an, die Ihr Hund (vermutlich) noch nicht kennt, und legen Sie es irgendwo aus. Der Hund wird den Geruch aufspüren und das Tuch untersuchen. Machen Sie diese Übung regelmäßig und erweitern Sie diese bei Bedarf darum, dass Sie Ihrem Hund die Gegenstände bzw. Lebensmittel zeigen, von denen der Geruch stammt. Eine weitere Steigerung dieser Übung besteht darin, dem Hund mehrere Gegenstände bzw. Lebensmittel zu präsentieren und ihm die Geruchsquelle dem richtigen Gegenstand bzw. Lebensmittel zuordnen zu lassen.

Solche minimalistischen Übungen sind im Haushalt jederzeit umsetzbar. Alternativen zu der Beispiel-Übung gibt es reichlich. Kaufen Sie neue Accessoires für den Haushalt, das neue Düfte abgibt. Oder praktizieren Sie Duftspiele, bei denen der Hund, sowohl im Haushalt als auch draußen, einen bestimmten Duft aufnehmen und diesen in einem Versteck, nur unter Verwendung seines Geruchssinnes, wiederfinden muss. Bei sämtlichen Übungen für den Geruchssinn ist es wichtig, stets darauf Rücksicht zu nehmen, dass die Gerüche dezent ausprobiert werden. Denn was für den Menschen in geringer Menge kaum spürbar ist, kann für einen Hund äußerst stark sein. Mag der Hund den Geruch nicht, kann er schnell die Lust am Spiel verlieren oder es lässt Stress entstehen. Tasten Sie sich deswegen mit jedem Geruchsspiel vorsichtig an den Hund heran.

Hörsinn

Ein natürliches Gehörtraining, das bereits seit dem Welpenalter automatisch stattfindet, fördert die Resistenz des Hundes gegen laute, plötzliche und unbekannte Geräusche von außen. Doch Sie können ein Gehörtraining auch ganz bewusst vornehmen, um Überforderungen Ihres Hundes zu vermeiden. Ein klassisches Beispiel für eine Überforderung des Hundes mit Klängen ist das Silvesterfeuerwerk. Durch die vielen lauten Töne wird der Hund in Angst versetzt. Eine Ausschüttung von Stresshormonen und darauffolgende mehrtägige Unruhe sind die Folgen. Gezieltes Gehörtraining ist hier die Lösung. Aktive und passive Ausführungen sind möglich, wobei Sie bei einem passiven Training auf die kleinen Gelegenheiten zurückgreifen können, die sich Ihnen tagsüber bieten. Hier und da lassen Sie das Papier in der Nähe Ihres Hundes laut rascheln. Oder Sie lassen absichtlich eine Flasche auf dem Tisch umfallen, wenn er sich in der Nähe befindet. All dies sind natürliche Geräusche, die im Haushalt auftreten können. Nutzen Sie die kleinen Gelegenheiten des Tages! Dies bietet den Vorteil, dass sich Ihr Hund an spontane Geräusche gewöhnt und außerhalb der eigenen vier Wände besser mit neuen Geräuschen zurechtkommt. Neben dem passiven Gehörtraining existiert eine Menge spezieller Gehörtrainings, die als eine separate Aktivität in den Wochenplan des Hundes eingegliedert werden können.

Beispielaufgabe

Lassen Sie unterschiedliche Geräusche an verschiedenen Gegenständen ertönen. Das Spielen eines Akkords auf der Gitarre, das Knarren von Bodendielen oder andere, in Ihrem Rahmen der Möglichkeiten stehende Dinge, sind denkbar. Wichtig ist dabei nur, dass sich die Geräusche unterscheiden und sich visu-

Beschäftigung

> ell einer bestimmten Quelle zuordnen lassen. Nachdem Sie das Geräusch einmal abgegeben haben und der Hund gesehen hat, von wo es kommt, geben Sie es ein weiteres Mal im Verborgenen ab, sodass der Hund die Quelle des Geräuschs nicht sehen kann. Nun muss er herausfinden, von wo das Geräusch kam, indem er die Quelle aufspürt.

Diese Beispielaufgabe erfordert Übung, bis der Hund sie umsetzen und das Training verstehen kann. Es wird empfohlen, die Anzahl der Geräusche sowie Quellen mit zunehmendem Fortschritt zu erhöhen, damit der Hund stets gefordert bleibt.

Geschmackssinn

Der Geschmackssinn des Menschen ist im Vergleich zu dem des Hundes weiterentwickelt. Es ist somit der einzige Sinn, bei dem der Mensch dem Hund nachweislich überlegen ist. Insbesondere bedeutet dies für den Menschen, dass ein gezieltes Training des Geschmackssinnes für den Hund essenziell ist. Denn ohne ein solches Training werden für den Hund die Grenzen zwischen genießbaren und ungenießbaren Lebensmitteln zunehmend verschwimmen. Die Folge ist eine unmittelbare Gefahr von Verletzungen des Verdauungstraktes sowie des Mundraumes, weil der Hund ggf. Gegenstände oder Dinge frisst, die nicht für ihn bestimmt sind. Viel Spielraum hat der Mensch beim Training des Geschmackssinnes des Hundes allerdings nicht, weil der Geschmackssinn lediglich über die Nahrung trainiert werden kann. Zudem können einige Nahrungsmittel eine giftige Wirkung im Körper des Hundes entfalten. Folglich bleibt kaum eine andere Wahl als die möglichst flexible Zusammenstellung der Mahlzeiten. Geben Sie sich Mühe, alle Optionen zur Abwechslung in der Ernährung auszunutzen. Beispielsweise könnten Sie die das Futter hinsichtlich der Fleischsorten regelmäßig variieren.

3.1.2.2 Futter-Stimuli

Im Buch *Allzu viel ist ungesund* (2017) werden zahlreiche Methoden geschildert, mit deren Hilfe sich das Futter interessant für den Hund aufbereiten lässt, sodass er die Nahrungsaufnahme regelmäßig in anderer Form erlebt. Die einfachste Variante wäre, sein Futter in der Ferne zu platzieren oder ein Stück Fleisch aufzuhängen. Der Hund muss es riechen und den Weg dazu finden, um mit dem Futter belohnt zu werden. Von größerem Nutzen sind wiederum Ansätze, das Futter kreativ zu „verpacken".

Hunde, die gerne Grünes fressen, könnten beispielsweise dadurch überrascht werden, dass Leckerlis tief in einem Salatkopf versteckt wurden. Anschließend müssen die Hunde den Salatkopf auseinandernehmen, um die Leckerlis herauszuholen.[64] Dies kann, je nach Hund, eine lang anhaltende Beschäftigung sein, bei der Ihr Hund mit seinen Sinnen und motorischen Fähigkeiten arbeiten muss, um an das Futter zu gelangen.

In warmen Sommerzeiten darf der Hund auch gerne mal ein Eis genießen. Hunde und Eis? Gewiss ist das möglich! Hierzu wird ein Eisblock erstellt, der zu gleichen Teilen aus Nassfutter und Wasser zusammengesetzt ist. Die Mischung wird in eine Form gefüllt und mit einer Kaustange in den Gefrierschrank gestellt. Nach dem Einfrieren wird der Eisblock aus der Form herausgezogen und dem Hund zum Fressen gegeben. Zunächst wird der Hund ratlos sein, aber mit der Zeit, sobald das Eis schmilzt, wird er merken, dass es sich um etwas Leckeres handelt.[65] Und schon hat Ihr Hund eine neue sinnvolle Beschäf-

---

[64] Adler, Y.; Braun, G., Gansloßer, U.: Allzu viel ist ungesund, S. 112f.

[65] Adler, Y.; Braun, G., Gansloßer, U.: Allzu viel ist ungesund, S. 113f.

tigung und zugleich ein neues Geschmackserlebnis mit Eis erfahren!

Zuletzt stellen wir Ihnen die Melonen-Idee vor. Hier werden Hohlräume in eine Melone geschnitten. In den Hohlräumen werden Leckerlis versteckt. Anschließend legen Sie dem Hund die Melone hin und er muss die Leckerlis aus den Hohlräumen herausholen.[66]

Mit Futter lassen sich also verschiedene kreative Spiele und Übungen durchführen. Ohne den Tagesplan des Hundes zu überfüllen, wird eine artgerechte Aktivität geschaffen, die den Hund fordert. Doch auch hier ist zu berücksichtigen, dass der Hund nicht überfordert wird. Sollte er bei einer Ihrer Übungen keinen Erfolg haben und nicht an das Futter gelangen können, ist es wahrscheinlich, dass sich schnell eine Enttäuschung einstellt und der Hund unzufrieden wird. Achten Sie zudem darauf, dass dem Hund das Futter nicht in zu kleinen Behältern gegeben wird, die er versehentlich verschlucken könnte. Zudem ist nur Futter zu verwenden, die der Hund auch vertragen kann. Wichtige Hinweise zu dem, was der Hund verträgt und was nicht, oder was unter Umständen sogar giftig ist, erhalten Sie im Kapitel 4 über die Ernährung des Hundes.

3.1.2.3 *Manipulative Stimuli*

Manipulative Stimuli betreffen nicht eine Manipulation des Hundes, sondern eine Manipulation durch den Hund. Immer dann, wenn ein Hund Objekte mithilfe seines Körpers manipulieren kann, ist die Chance auf einen manipulativen Reiz gegeben. Dies betrifft in der Regel Gegenstände, die der Hund zerstören kann. Da ein Hund keine sonderlich konstruktiven

---

[66] Adler, Y.; Braun, G., Gansloßer, U.: Allzu viel ist ungesund, S. 115.

Fähigkeiten besitzt, geht es darum, ihm Gegenstände zu geben, die er mit Maul, Krallen, Pfoten oder Zähnen manipulieren kann. Hierbei kann es sich um das bloße Verschieben und somit Anordnen von Gegenständen handeln. Ebenso ist ein Zerreißen von Gegenständen wichtig.[67] Hier kann sich der Hund ausleben und ggf. vorhandene Aggressionen abbauen. Denn auch Hunde benötigen hin und wieder eine Möglichkeit, Aggressionen abzubauen. Möchten Sie es Ihrem Hund besonders einfach machen, dann geben Sie ihm einen Pappkarton und zeigen ihm, dass (und wie) der Karton zerrissen werden soll. Nach einiger Zeit wird der Hund verstehen, dass es Spaß machen soll. Im Idealfall wird es ihm auch Spaß machen. Notwendig ist bei sämtlichen der manipulativen Stimuli, dass der Hund lernt, dass es sich um Ausnahmesituationen handelt. Er darf nicht darauf konditioniert werden, Gegenstände eines ähnlichen Aussehens gleich zu behandeln und immer zu zerreißen, wenn ihm danach ist.

Beispielaufgabe

Wenn Sie kreativ sind, dann kombinieren Sie eine Aufgabe für den Geruchssinn mit einem manipulativen Reiz. Hierzu fertigen Sie eine Piñata (eine bunt gestaltete Figur aus Pappmaché) an, die Sie mit Leckerlis auffüllen. Zusätzlich können Sie die Piñata mit einigen Tropfen Öl beträufeln.[68] So entsteht für den Hund ein attraktiver Mix aus Stimuli, Gerüchen und vielem mehr.

3.1.2.4 *Umwelt-Stimuli*

Umwelt-Stimuli werden gesetzt, indem der Hund in eine neue Umwelt mitgenommen wird. Die Umwelteinflüsse für als Haus-

---

[67] Adler, Y.; Braun, G., Gansloßer, U.: Allzu viel ist ungesund, S. 116.
[68] Adler, Y.; Braun, G., Gansloßer, U.: Allzu viel ist ungesund, S. 117.

Beschäftigung

tier gehaltene Hunde verändern sich nicht signifikant. Bis auf die wandelnden Jahreszeiten, die der Hund bei Aktivitäten an der frischen Luft wahrnehmen muss, ist für ihn alles gleich. Dies sind denkbar schlechte Voraussetzungen für ein gesundes und erfülltes Leben! Stellen Sie sich vor, Sie müssten Ihr Leben lang an einem Ort leben und hätten nur hin und wieder einen Freigang an der frischen Luft zu Uhrzeiten, die Ihnen jemand anderes vorschreibt. Sie kämen sich vor, als wären Sie in einem Gefängnis inhaftiert.

Mit diesem Vergleich soll Ihnen kein Vorwurf in Bezug auf die Haltung Ihres Hundes gemacht werden. Vielmehr sollen Sie dafür sensibilisiert werden, wie langweilig die Umwelt für den Hund nach einer gewissen Zeit werden kann.

Geben Sie sich daher Mühe, die Umwelt des Hundes möglichst zu verändern. Ein ausgezeichneter und für den Hund besonders erfüllender, neuer Umweltreiz wäre ein Wochenendausflug in die Natur. Haben Sie einen solchen Ausflug bisher noch nie mit Ihrem Hund gemacht, dann sollten Sie klein beginnen und zunächst an sichere Orte verreisen. Indem Sie zusammen im Zelt übernachten, kann der Hund eine neue Erfahrung machen.

Beispielaufgabe

Sobald Ihre Bettwäsche waschreif ist und eigentlich in die Waschmaschine käme, können Sie Ihrem Hund einen kleinen Umweltreiz geben. Tauschen Sie die Decke seines Schlafplatzes gegen Ihre waschreife Bettwäsche aus. Sie werden merken, dass der neue Stimulus Ihren Hund sehr interessiert. Hunde reagieren auf solche Reize und präsentieren sich neugierig, wenn etwas Neues im Haushalt oder bei den Spielsachen Einzug erhält.[69]

---

[69] Adler, Y.; Braun, G., Gansloßer, U.: Allzu viel ist ungesund, S. 118.

Kleine und große Maßnahmen dieser Art bereichern den Alltag des Hundes immens. Hunde sind in der Regel genügsam und brauchen nicht viele Umwelt-Stimuli. Aber die wenigen Umwelt-Stimuli, die zum Einsatz kommen, sind meistens das absolut notwendige Minimum, um eine geistige Verkümmerung des Hundes zu verhindern oder ihn konstant glücklich zu stimmen.

3.1.2.5 Soziale Stimuli

Wir nahmen bereits im ersten Kapitel Bezug auf die Bedeutung der Prägung von Hunden. Da der Hund an das Zusammenleben mit Menschen gewöhnt ist, ist er ein typisches Haustier und freut sich über den Menschen als Bezugsperson. Allerdings kann die Prägungsphase auch anders verlaufen, indem der Hund z. B. fast gar keinen Kontakt zu Menschen hat oder aber Kontakt mit einer Vielzahl verschiedener Lebewesen knüpft. Letzteres sollte das Ziel für ein möglichst bereicherndes Sozialleben von Hunden sein.

Im Welpenalter und noch kurz danach ist die Zeit am geeignetsten, um den Hund mit anderen Lebewesen bekannt zu machen. Dies sollte nicht unbedingt in der ersten Woche oder in den ersten zwei Wochen erfolgen, da der Hund in dieser Zeit erstmal Vertrauen zu Ihnen aufbaut. Aber danach ist es ratsam, ihn Schritt für Schritt anderen Menschen und Hunden vorzustellen. Anschließend kann er mit größeren Gruppen von Menschen und Hunden in Kontakt treten. Sie sollten diese Begegnungen immer beaufsichtigen. Wird der Hund in der frühen Lebensphase an ein abwechslungsreiches Sozialleben gewöhnt, sind sogar Begegnungen mit Kaninchen denkbar. Doch achten Sie unbedingt darauf, dass sowohl der Hund als auch die anderen Lebewesen diese Begegnungen stets stressfrei erleben.

> **Beispielaufgabe**
>
> Suchen Sie, sofern noch nicht geschehen, einen Spielpartner für Ihren Hund! Zwar ist der Hund an den Menschen gewöhnt, doch wenn er schon im frühen Alter an Kontakt mit anderen Hunden gewöhnt wird, wird er mit seiner Spezies gut harmonieren und sich beschäftigen können. Dies erspart Ihnen unangenehme Situationen mit anderen Hunden und deren Herrchen oder Frauchen, bei denen Ihr Hund die Gegenseite beispielsweise ankläfft.

Achten Sie auf Ihren Rüden, falls er nicht kastriert ist und auf eine läufige Hündin trifft. Es könnte zu einer ungewollten Trächtigkeit kommen. Gleiches gilt, falls Sie eine Hündin haben und diese mit einem Rüden in Kontakt tritt.

3.1.3 Erfolgserlebnisse in der Beschäftigung

Erfolgserlebnisse in der Beschäftigung sind wichtig. Spiele/Programme, bei denen der Hund auch mal Misserfolge hinnehmen muss, sind insgesamt nicht förderlich. Die Folge ist ein Interessenverlust des Hundes, der damit einhergeht, dass der Hund dieser Beschäftigung nicht mehr nachgehen möchte.

Erfolgserlebnisse schaffen Sie, indem Sie jeder Aktivität ein Ziel geben und die Aktivität so auslegen, dass der Hund dieses Ziel auch erreichen kann. Damit ist nicht gemeint, dass am Ende einer jeden Aktivität eine Belohnung stehen muss. Vielmehr ist für den Hund der Weg das Ziel. Anfangs sind Belohnungen noch sinnvoll, um das Beharren des Hundes an einer Aktivität zu fördern. Als Grundregel gilt:

Wenn es Ihnen gelingt, die natürlichen Instinkte Ihres Hundes durch die artgerechte Beschäftigung zu fördern, werden Sie Ihm keine Leckerlis zur Belohnung geben müssen. Er wird den Spaß in der bloßen Aktivität an sich entdecken und Neugier für weitere Umweltreize entfalten.

Die Quintessenz ist, dass Sie die artgerechte Beschäftigung, wie in diesem Kapitel bisher beschrieben wurde, in die Tat umsetzen sollten. Sofern dem Hund die Aktivität anfangs nicht zusagt, weisen Sie ihm durch Belohnungen einen Weg. Bleibt der Hund langfristig lustlos bei der Ausführung der Aktivität, dann ist sie ungeeignet, weil sie die falschen sensorischen und sonstigen Reize setzt. Eine geeignete Aktivität erkennen Sie daran, dass der Hund das Ziel in der Beschäftigung an sich sieht und einen Erfolg durch das Ausleben seiner natürlichen Triebe verspürt.

3.2 Dem Stress entgegenwirken: Entspannungsübungen für Hunde

Die Anzahl der auf den Hund wirkenden Umweltreize ist groß. Es ist vorteilhaft, sich möglichst früh mit dem Thema der Stressbewältigung bzw. Entspannung auseinanderzusetzen.

Macht Ihr Hund einen gestressten Eindruck auf Sie, besteht die Gefahr, dass Sie sich zu sehr auf das Problem fokussieren. Sie sehen den angespannten Hund und geraten daraufhin selbst in eine angespannte gedankliche und körperliche Haltung. Ihr Hund kann sich dann am besten entspannen, wenn Sie ihm ein ausgeglichenes Vorbild sind. Hunde beobachten und nehmen emotionale Zustände/Situationen wahr, wie Sie bereits im ersten Kapitel erfahren durften. Entsprechend naheliegend ist es, dass dies auf Stress ebenso zutrifft. Daher gilt: Je entspannter Sie sind, desto entspannter wird auch Ihr Hund werden können! Sobald Sie entspannt sind, sollten Sie beginnen, sich vor der Entspannungsübung mit dem Hund auf das zu fokussieren, was er im Alltag richtig macht.[70] Fokussieren Sie die positiven Aspekte, strahlen Sie eine innere Ruhe auf Ihren Hund aus. Dann können die eigentlichen Entspannungsübungen beginnen.

3.2.1 Entspannung ankern

Eine Methode aus der Psychologie bzw. Unterbewusstseinskonditionierung, die beim Menschen oftmals Anwendung findet, ist das sogenannte Ankern. Das Ankern stammt aus dem NLP (Neurolinguistisches Programmieren). Es funktioniert nach folgendem Prinzip: Sie stellen einen emotionalen Zustand her und verknüpfen diesen mit einem Anker. Je häufiger Sie dieses Vorgehen wiederholen, desto mehr konditionieren Sie sich darauf, oder in diesem Falle Ihren Hund, den emotionalen Zustand hervorzurufen, wenn Sie den Anker verwenden. Das Unterbewusstsein wird daran gewöhnt, beim Einsatz des Ankers Glück, Geborgenheit, Entspannung oder andere Emotionen zu empfinden.

Nutzen Sie demzufolge die Gelegenheit, wenn Ihr Hund bereits entspannt ist, und entwickeln Sie einen oder mehrere Anker für diesen Zustand. Es ist empfehlenswert, zuerst mit einem speziellen Anker anzufangen und dann einen weiteren anzutrainieren. Mehr als zwei Anker sind nicht notwendig, wobei ein Anker für die häusliche Umgebung und der andere Anker für draußen gedacht ist. In der häuslichen Umgebung sind folgende Anker denkbar:

---

[70] Freiling, K. P.: Entspannungstraining für Hunde, S. 21f.

- Musik
- Beleuchtung
- Farben
- Gerüche
- Kommandos

Einigen dieser Anker lässt sich sogar ein fundierter Hintergrund zuordnen, der die Entspannung fördert. Beispielsweise wirkt Musik in einem Takt von ca. 60 Schlägen pro Minute harmonisierend und beruhigend auf das Gehirn. Die Farben orange und grün werden, vom Gemüt her, als entspannend empfunden, während die Farben rot und gelb weniger zur Entspannung geeignet sind. Beliebte Gerüche, die gezielt zur Entspannung eingesetzt werden, sind Düfte von Blumen und Aromaölen.

Draußen sind Musik, Beleuchtung und Gerüche für gewöhnlich nicht einsetzbar als Anker. Zum Ankern außerhalb der eigenen vier Wände empfehlen sich die Kommandos oder aber bestimmte Haltungen, die der Hund gemeinsam mit Ihnen einnimmt. Achten Sie bei alledem primär darauf, dass es sich überhaupt umsetzen lässt. Je flexibler, also situations- und ortsunabhängiger, Ihre Anker einsetzbar sind, desto eher werden Sie imstande sein, die „Entspannung auf Kommando" bei Ihrem Vierbeiner zu realisieren. Um das Ankern zu verinnerlichen, ist definitiv Übung erforderlich. Aber im Laufe der Zeit wird es auf jeden Fall funktionieren.

3.2.2 Clickertraining zur Entspannung

Das Clickertraining funktioniert auf der Basis des Ankerns. Es handelt sich um ein Klickgeräusch, das jederzeit einsetzbar ist. Sind Sie im Imitieren/Nachmachen von Geräuschen talentiert, so können Sie das Klickgeräusch selbst abgeben. Für gewöhnlich werden aber kleine und speziell dafür hergestellte Klick-Produkte verwendet. Bei Ertönen des Klicks wird der Hund darauf konditioniert, eine bestimmte Handlung vorzunehmen. Sobald der „Klick" ertönt, werden Hormone ausgeschüttet, die dem Stress entgegenwirken. Wird die Handlung nach dem Klickgeräusch durch einige Leckerlis mit einer Freude verknüpft, dann ist sogar eine Konditionierung auf Ausschüttung von Glücks- und Anti-Stress-Hormonen möglich[71].

Beginnen Sie das Clickertraining zuerst damit, das Klickgeräusch abzugeben. Führen Sie anschließend die beruhigende Maßnahme für den Hund durch. Bei dieser Maßnahme kann es sich um die Einnahme einer bestimmten Haltung, ein Streicheln oder einen liebevollen Griff Ihrerseits handeln. Der Vorteil des Clickertrainings im Vergleich zum Ankern ist, dass das Klickgeräusch vor dem Anker – also einer Haltung oder Geste – kommt. Somit wird der Hund nicht abrupt zu einer Maßnahme bewogen, sondern zuerst durch das Klickgeräusch in einen vertrauten Zustand versetzt.

3.3 Fitnessprogramm für Hunde

Die bisherigen Erkenntnisse zur artgerechten Beschäftigung waren zwar wichtig und zielführend, aber auf ein wirkliches Fitness-/Sportprogramm für Hunde wurde bisher nicht eingegangen. Dabei ist eine anstrengende sportliche Betätigung, die dem Hund die Chance gibt, sich mal richtig auszupowern, nicht verkehrt. Kontraproduktiv wird anstrengende und an die Grenzen bringende sportliche Betätigung erst dann, wenn der Terminkalender des Hundes damit überfüllt ist. Berücksichtigen Sie die ein bis zwei Tage in der Woche, in denen der Hund ohne ein besonderes Programm einfach Hund sein darf, und

---

[71] Freiling, K. P.: Entspannungstraining für Hunde, S. 65.

achten Sie an den restlichen Tagen auf ausreichend Ruhephasen. Dann ist ein Fitnessprogramm, das an ein bis zwei Tagen in der Woche für eine gewisse Zeit stattfindet, förderlich für die Gesundheit. „Wer rastet, der rostet", heißt es sprichwörtlich. Dies trifft auf die Muskulatur und das Skelett des Hundes ebenso zu, wenn nur noch auf gelenk- sowie muskelschonende Formen der Belastung geachtet wird. Hin und wieder darf und soll der Hund mit einem individuellen – also seinem Körper, Alter und Gesundheitszustand angepassten – Trainingsprogramm angemessen gefordert werden. Nachfolgend werden Ihnen einige Sportarten vorgestellt, bei denen Sie die freie Entscheidungsvielfalt haben, welche Sie in den Wochenablauf Ihres Hundes integrieren, um daraus ein Fitnessprogramm zusammenzustellen.

3.3.1 Sportarten für Hunde

Nachfolgend werden Ihnen einige Hundesportarten samt ihrer Hauptmerkmale genannt. Dadurch werden Sie in der Lage sein, die jeweilige Sportart den Interessen und Vorlieben Ihres Hundes anzupassen.

Einige der gängigsten Sportarten sind:

- Agility
- Dog Dancing
- Mobility
- Flyball
- Military

Quelle: Das große Kosmos Spielebuch für Hunde (2012)[72]

---

[72] Führmann, P.; Hoefs, N.; Franzke, I.: Das große Kosmos Spielebuch für Hunde, S. 203ff.

Agility ist eine Sportart für Hunde, bei der ein Hund einen Parcours mit Hindernissen zu bewältigen hat, wobei der Besitzer nebenher mitläuft. Agility wird in verschiedenen Leistungsklassen durchgeführt. Für Hunde ohne Vorerfahrung gibt es Schnupperkurse, die als Leistungsklasse A0 eingestuft werden. Bis zur Leistungsklasse A3 ist reichlich Spielraum zur Steigerung der Schwierigkeit geschaffen. Diese Hundesportart eignet sich für gehorsame, gesunde und größere Hunde.

Dog Dancing bedeutet wörtlich übersetzt „Tanz mit dem Hund". Besitzer und Hund zeigen zu einem passenden Musikstück verschiedene Figuren, die „getanzt" werden. Der Kreativität und Phantasie des einzelnen Hundebesitzers sind hierbei keine Grenzen gesetzt, denn diese Figuren können alle möglichen Bewegungen sein, die der Hund auf kleinste Zeichen hin ausführt. Geeignet ist das Dog Dancing nur für gesunde Hunde. Es gibt so viele unterschiedliche Tanzfiguren, dass Größe, Alter oder Schnelligkeit des Hundes nicht von Bedeutung sind.

Mobility kombiniert Fitness und Kopfarbeit. Der Spaß und die Gesunderhaltung des Bewegungsapparates stehen im Mittelpunkt. Rassen-, Alters- und Größenunterschiede spielen dabei keine Rolle. Bei dieser Sportart erarbeiten die Hunde verschiedene Aufgaben in einem Parcours, in dem sich Gerätestationen und gerätefreie Übungen abwechseln. Mobility stellt geringere Ansprüche an die Schnelligkeit, daher ist diese Sportart für ruhigere Hunde gut geeignet.

Beim Flyball handelt es sich um einen rasanten Hundesport für ballverrückte Hunde! Beim Flyball soll der Hund ohne seinen Hundeführer möglichst schnell und fehlerfrei vier Hürden überwinden und die Flyballbox auslösen, sodass der Ball ausgeworfen wird. Hat der Hund den Ball gefangen, soll er möglichst schnell damit über die Hürden zurückkommen. Flyball fördert auf spielerische Art die Bewegungsfreude, die Selbstsicherheit und das Sozialverhalten des Hundes. Mittelgroße, nicht übergewichtige sowie gesunde Hunde sind hier richtig aufgehoben.

Eine recht neue Hundesportart ist Military. Es ist eine jener Sportarten, die im ersten Kapitel als große Chance von Programmen genannt wurden: Mensch und Hund interagieren gemeinsam und müssen eine Laufstrecke mit den verschiedensten Herausforderungen meistern. Auch hier ist eine körperlich einwandfreie Gesundheit des Hundes erforderlich. Mit Zwerg-Hunden wird sich der Sport Military nicht umsetzen lassen.[73]

3.3.2 Möglichkeiten für gesundheitlich eingeschränkte Hunde

Bei gesundheitlich eingeschränkten oder angeschlagenen Hunden besteht keine Möglichkeit zur Durchführung der soeben vorgestellten Sportarten. Informieren Sie sich bei Ihrem Tierarzt, welche Alternativen bestehen. Eventuell erfahren Sie Wichtiges über Reha-Sportgruppen für Hunde oder andere Programme für Hunde mit Handicap. Doch bereits ohne die Informationen des Tierarztes können Sie sich nach einem entsprechenden Angebot im Internet umschauen.

Was Sie ohne große Bedenken versuchen können, sofern Ihr Hund über einen sicheren Stand verfügt, ist das Longieren. Bei dieser Sportart lernt der Hund Ihre körperlichen Kommandos auf Distanz zu befolgen. Dazu nehmen Sie Heringe oder Stäbe, die Sie in Form eines Kreises in den Untergrund stecken. An all diesen befestigen Sie ein Band. Das Band ist die Abgrenzung, hinter der Ihr Hund steht. Sie stehen in der Mitte des Kreises

---

[73] Führmann, P.; Hoefs, N.; Franzke, I.: Das große Kosmos Spielebuch für Hunde, S. 203ff.

und halten eine Schleppleine, die Sie zuvor am Halsband des Hundes befestigt haben. Mit Handzeichen und dieser Schleppleine führen Sie den Hund um den Kreis herum, mal enger bei sich, mal weiter von sich entfernt. Der Hund bewegt sich in einem beliebigen Tempo, in jedem Fall aber schonend, fort.

3.4 Fazit

„Artgerecht" bedeutet, auf die angeborenen Verhaltensweisen des Hundes Rücksicht zu nehmen. Dennoch müssen dem Hund gewisse Grenzen aufgezeigt werden. Passive, einfache Beschäftigungen lassen sich einfach in den Alltag integrieren. Der Hund wird mittels gezielter Umweltreize, wie dem Wechsel der Größe oder Farbe eines bisher bekannten Gegenstandes, sensorisch stimuliert. Neben den sensorischen Stimuli existieren die Stimuli, die Futter, Manipulation, Umwelt und Sozialleben betreffen und passiv über den Tag verteilt eingesetzt werden können. Zusätzlich ist es empfehlenswert, gezielt spezielle Übungen und Spiele zur Stimulation durch Umweltreize in den Wochenplan des Hundes zu integrieren. Anfangs noch durch das ein oder andere Leckerli animiert, wird Ihr Hund irgendwann beginnen, den Nutzen einer Aktivität zu erkennen und eine Bereicherung durch dessen Ausübung zu empfinden. Dann ist das Enrichment gegeben und die Aktivitäten sind für den Hund maximal erfüllend. Parallel zur Stimulation durch Umweltreize ist ein Sport- und Entspannungsprogramm zu berücksichtigen. Die Entspannungsübungen können mittels Anker und Clickertraining umgesetzt werden. Achten Sie bei allen Beschäftigungen und Aktivitäten darauf, dass der Hund an knapp zwei Tagen pro Woche einfach nur Hund sein kann, an denen er faulenzen, entspannen, fressen und gemütliche Spaziergänge machen kann.

4 Ernährung – Was würde Ihr Hund bestellen?

Stellen Sie sich vor, Ihr Hund hätte die Wahl, sein Futter zu bestellen. Würde er nicht hin und wieder irgendetwas Herzhaftes haben wollen? Stattdessen findet vermehrt der Griff von Herrchen und Frauchen ins Regal mit Fertigfutter statt. Dies ist grundsätzlich nichts Schlimmes, aber auf lange Sicht eintönig und für den Hund langweilig. Es ist möglich, an dieser Stelle damit zu argumentieren, dass der Hund ohnehin nichts anderes kennt und es ihm egal ist, was er zu fressen bekommt. Doch dies ließe sich auch auf den Menschen beziehen: Wenn man einen Menschen vom Anbeginn seines Lebens an eine bestimmte Mahlzeit gewöhnt, die eine optimale Nährstoffkonstellation hat, kann ihm die mangelnde Abwechslung egal sein. Dies würde man aber für unmenschlich erachten, da ein Leben interessant und reich an geschmacklichen Impressionen sein soll. Glauben Sie, dass es beim Hund anders ist?

Grundsätzlich ist eine komplett frische Ernährung die beste Option für den Hund, insbesondere in Anbetracht der sensorischen Förderung. Dies bedeutet nicht, dass die Ernährung von heute auf morgen komplett umgestellt werden soll. Aber mittlerweile haben viele Hundehalter den Sinn des Barfens erkannt und setzen diese Art der Fütterung um. Erfahren Sie im Folgenden, wie Sie Ihrem Hund am effektivsten, abwechslungsreichsten und einfachsten die Nährstoffe in vollem Umfang zur Verfügung stellen, die er benötigt. Sie werden merken, dass bei der Auswahl des richtigen Futters mehrere Punkte zu beachten sind, um dem Hund ein gesundes und langes Hundeleben zu ermöglichen.

4.1 Grundlagen zur Hundeernährung

Damit Sie das Ernährungskonzept des Barfens, welches Ihnen im Unterkapitel 4.2 vorgestellt wird, nachvollziehen und richtig umsetzen können, werden Ihnen zuerst die Grundlagen zur Hundeernährung erläutert. Diese umfassen das Verdauungssystem des Hundes und dessen Nährstoffbedarf. Weiterhin erhalten Sie Informationen zum Energiebedarf von Hunden. Dies hilft Ihnen, mit den Erkenntnissen des gesamten Kapitels, einen individuellen Ernährungsplan für Ihren Hund zusammenzustellen.

4.1.1 Funktionsweise des Verdauungssystems

Die Funktionsweise des Verdauungssystems des Hundes weist nur geringe Unterschiede zu dem des Menschen auf. Die Verdauung beginnt im Maul, wo die Nahrung zerkleinert wird. Je feiner die Nahrung zerkleinert wird, desto verdaulicher ist sie. Möchten Sie die Verdaulichkeit gezielt verbessern, weil beispielsweise dahingehend Defizite beim Hund vorhanden sind, dann besteht die Möglichkeit, die Nahrung zu einem Brei zu verarbeiten.

Nach der Aufnahme und ggf. der Zerkleinerung im Maul wird die Nahrung durch das Schlucken in die Speiseröhre befördert. Diese lässt sie weiter in den Magen passieren. Der Magen selbst ist beim Hund äußerst dehnbar und kann bis hinter den Rippenbogen reichen, sofern er stark gefüllt ist.[74] Im Magen wird die Nahrung mithilfe des Magensaftes und des Enzyms Pepsinogen weiter zerkleinert. Dieses Enzym spaltet die Eiweißverbindungen. Fetthaltige Speisen, wie fettreiches Fleisch und fettreicher Fisch, brauchen länger bis sie gespalten werden und liegen dementsprechend länger im Magen.

Vom Magen werden die Nahrungsbestandteile zur weiteren Zerkleinerung in den Darm geleitet. Dort wird die Verdauung mithilfe weiterer Verdauungsenzyme vorangetrieben, die von der Bauchspeicheldrüse produziert werden. Dies schließt auch Enzyme ein, die die Kohlenhydrate spalten.

Der Großteil der Nährstoffe wird über den Dünndarm vom Körper aufgenommen, verteilt und verwertet. Einige wenige Nahrungsbestandteile werden in den Dickdarm weitergeleitet, wo diese von speziellen Bakterien weiter zersetzt und ausgeschieden werden. In den Dickdarm gelangen auch die Ballaststoffe, die eine wichtige Rolle in der Verdauung des Hundes einnehmen.

4.1.2 Nährstoffbedarf des Hundes

Der Hund hat einen vielfältigen Nährstoffbedarf. Dies ist grundsätzlich bei allen Lebewesen der Fall. Wenn Sie die Liste der notwendigen Nährstoffe studieren, werden Sie feststellen, dass diese dieselben Nährstoffe umfasst, die der Mensch benötigt:

- Wasser
- Makronährstoffe

---

[74] Fritz, J. Dr. med. vet.: Hunde barfen – Alles über Rohfütterung, S. 22.

- Fette
- Kohlenhydrate
- Eiweiße
- Mikronährstoffe
- Vitamine
- Mineralstoffe
- Spurenelemente

Wasser ist das wichtigste Lebensmittel. Sie durften im Unterkapitel 2.2.2 in einem Hinweis-Kästchen bereits eine Methode kennenlernen, mit der Sie eine angemessene Wasserzufuhr für Ihren Hund berechnen bzw. feststellen können. Sollte der Hund fast sein komplettes Körperfett verlieren oder knapp die Hälfte der in seinem Organismus gebundenen Proteine, würde er dies tolerieren. Aber ein Verlust von 10 % der Körperflüssigkeit hätte für den Hund tödliche Folgen.[75] Eine ausreichende Wasserzufuhr ist also von enormer Bedeutung. Glücklicherweise kümmert sich der Hund selbst darum, seinen Flüssigkeitshaushalt zu regulieren, sofern Sie ihm den Napf mit Wasser hinstellen und darauf achten, diesen regelmäßig nachzufüllen.

Die Mahlzeiten hingegen werden für den Hund zusammengestellt, um ihm die Makro- und Mikronährstoffe zu geben, die er benötigt. Dabei ist darauf zu achten, dass die Nährstoffmengen dem Bedarf des Hundes angepasst sind. Sowohl ein Mangel als auch ein Überschuss an Makro- und Mikronährstoffen führt zu gesundheitlichen Problemen und Unter- oder Übergewicht. Nachfolgend erhalten Sie einige Ratschläge hinsichtlich der empfohlenen Nährstoffzusammensetzung.

- Wasser sollte den größten Anteil haben. Es wird zu jeder Fütterung in einem gesonderten Napf angeboten und steht auch sonst tagsüber zur Verfügung.

---

[75] Balzer, M.: Mein Hund gesund durch Frischfütterung, S. 31.

Ernährung

- Nach dem Wasser kommen die Energiequellen. Das sind die Proteine, Kohlenhydrate und Fette. Um herauszufinden, wie viel Ihr Hund davon genau benötigt, empfiehlt sich eine genaue Analyse, die u. a. das Alter, die Größe und das Gewicht Ihres Hundes berücksichtigt.
- Zuletzt kommen die Vitamine und Mineralstoffe. Ein Risiko hinsichtlich der Überdosierung besteht nur bei der Verwendung von Nahrungsergänzungsmitteln. Achten Sie auf eine ausgewogene Ernährung, sind Unter- und Überversorgungen mit Vitaminen und Mineralstoffen nahezu ausgeschlossen.

Hinweis!

Die Qualität der in den Lebensmitteln enthaltenen Nährstoffe ist stets zu beachten. Auch Getreide ist eine Eiweißquelle. Das darin enthaltene Protein ist allerdings von minderer Qualität. Gleiches lässt sich auf das Fleisch als Fettquelle beziehen. Fleisch liefert Fett, das in die Energiebilanz mit einberechnet werden muss. Für die Gesundheit am wichtigsten sind jedoch die Fettsäuren, die in Ölen und in Fisch enthalten sind. Somit sollte zumindest auf einen kleinen Anteil von Fetten dieser Nahrungsmittel geachtet werden. Dies lässt sich einfach erreichen, indem beispielsweise das Futter mit etwas Öl angereichert wird oder zwei Fleischspeisen pro Woche durch Fischspeisen ersetzt werden.

4.1.3 Trockenfutter für den Hund: Große Qualitätsunterschiede!

An dieser Stelle kommt zwingend die Frage auf, ob Industriefutter bzw. Fertigfutter und andere nicht frische Formen von Nahrung die erforderlichen Nährstoffe in der benötigten Zusammensetzung überhaupt zur Verfügung stellen können. Die Antwort lautet: Ja, es ist möglich. Kehrseite ist allerdings, dass eine Vielzahl an Herstellern beim Trockenfutter täuschen. Und selbst, wenn Herrchen oder Frauchen das beste Trockenfutter wählt, so besteht dennoch das Problem, dass meistens nur Trockenfutter verwendet wird und nur noch selten Abwechslung im Speiseplan enthalten ist.

Möchten Sie Ihrem Hund Trockenfutter geben, dann ist der beste Weg, regelmäßig Abwechslung durch frische und rohe Ernährung zu schaffen. Gibt es an zwei Tagen pro Woche frische Nahrung, so wird insbesondere der Geschmackssinn des Hundes stimuliert. Darüber hinaus wird der Hund glücklicher, was die psychische Gesundheit fördert. Die Qualitätsunterschiede gehen beim Trockenfutter weit auseinander, sodass eine gute Entscheidung nicht einfach ist. Achten Sie bei der Wahl eines Trockenfutters daher auf folgende Aspekte:

- „Kaltgepresst" vor „extrudiert": Kaltgepresstes Trockenfutter ist erfahrungsgemäß leichter bekömmlich und enthält weniger oder gar keine synthetischen Zusatzstoffe.
- Fleisch steht in der Zusammensetzung an oberster Stelle: Hersteller täuschen oftmals, indem sie möglichst viele Zutaten und/oder diese Zutaten in einer bestimmten Reihenfolge auflisten. So steht das Fleisch z. B. zwar an erster Stelle, ist aber dennoch im Vergleich zu den anderen Zutaten nur in einer geringen Menge enthalten. Im Idealfall sollte die Menge des Fleisches klar deklariert sein und den höchsten Gesamtanteil am Futter aufweisen.

- Achten Sie bei jeder Zutat auf die Qualität: Das angegebene/enthaltene Rohprotein könnte beispielsweise kein hochwertiges und gut verwertbares Eiweiß sein. Es könnte sich um ein Abfallprodukt aus Federn oder Krallen handeln.
- Möglichst naturbelassen und mit keinen bzw. wenigen Zusatzstoffen.

Quelle: Futterfibel – Hunde gesund ernähren (2013)[76]

Beachten Sie diese Aspekte, dann besteht die Chance, ein gutes Trockenfutter für Ihren Vierbeiner auszuwählen. Eine erste Orientierungshilfe ist es, in der Preisklasse nicht ganz unten mit dem günstigsten Produkt anzufangen. Dies ist nicht nur eine Frage der Gesundheit, sondern eine Frage der Wertschätzung Ihrem Haustier gegenüber. Wer es mit der Lebensverlängerung seines Vierbeiners ernst meint, sollte sich im Preis nicht zu sehr einschränken.

4.1.4 Kalorienbedarf des Hundes bestimmen

Eindeutige Angaben zum Kalorienbedarf eines Hundes lassen sich in keinen Quellen finden. Ein wichtiger Punkt ist, dass rassentypische Unterschiede vorhanden sind. Dabei ist auffällig, dass kleinere Hunde pro Kilogramm Körpergewicht eine höhere Energiezufuhr als größere Hunde benötigen. Die folgenden drei Gewichtsklassen samt zugehörigem Energiebedarf (in Kilojoule angegeben) ermöglichen Ihnen eine erste Orientierung:

---

[76] Gelhaus, N.: Futterfibel – Hunde gesund ernähren, S. 9ff.

Körpergewicht des Hundes in kg	Kalorienbedarf in Kilojoule pro kg Körpergewicht
5	380
20	260
40	210

Quelle: Das große GU Praxishandbuch Hunde (2004)[77]

Hinzu kommt, dass der Energiebedarf bei sehr aktiven und bewegungsfreudigen Hunden höher liegt. Er ist an aktiven Tagen höher als an Tagen mit geringem Aktivitätslevel. Des Weiteren haben trächtige Hündinnen einen 1,5 Mal so großen Energiebedarf wie normalerweise. Säugende Hündinnen weisen einen drei- oder vierfach erhöhten Energiebedarf auf.[78] Bei älteren Hunden reduziert sich der Energiebedarf um knapp 20 %. Es wird empfohlen, diese Reduktion der Energiezufuhr nicht radikal und plötzlich durchzuführen, da sich nicht eindeutig sagen lässt, wann genau der Hund weniger Nahrung zu sich nehmen muss. Sie sollten daher das Fressverhalten und die Veränderungen am Körper mit zunehmendem Alter des Hundes beobachten. Sollte sich ein leichter Rückgang der Nahrungsaufnahme aus dem Napf bemerkbar machen oder der Hund zunehmen, dann sind die Portionen aufgrund des zurückgehenden Energiebedarfs sukzessive und unter ständiger Beobachtung der Auswirkungen zu minimieren.

Die idealen Fütterungszeiten, die ebenfalls Einfluss auf die Gesundheit Ihres Hundes nehmen, liegen zwischen morgens bis spätestens mittags. Zum Abend sollte der Entgiftung und der Verdauung sowie den Regenerationsmechanismen der Orga-

---

[77] Ludwig, G.: Das große GU Praxishandbuch Hunde, S. 185.
[78] Ludwig, G.: Das große GU Praxishandbuch Hunde, S. 185.

ne Zeit eingeräumt werden.[79] Dies trägt zu einem erholsamen Schlaf bei. Ein erholsamer Schlaf und ausreichende Regenerationszeiten senken das Risiko für die Entstehung oxidativen Stresses, was wiederum die Wahrscheinlichkeit zur Entstehung von Krankheiten senkt und den Alterungsprozess verzögert.

Hinweis!

Kleine Snacks, z. B. in Form von getrocknetem Pansen, sind am Abend durchaus erlaubt. Dadurch werden Enzyme angeregt, die die Verdauung unterstützen.[80] Dies macht insbesondere dann Sinn, wenn die Verdauung des Hundes schlecht funktioniert.

Sollte der Hund nicht fressen, so ist das Futter nach ungefähr einer Viertelstunde wegzuräumen. Frische Nahrung gehört entsorgt, denn der Hund wird die frische Nahrung auch später wahrscheinlich nicht erneut zu sich nehmen wollen. Trockenfutter kann ein weiteres Mal serviert werden.

4.2 Richtig barfen als ideale Ernährungsform

Der Begriff BARF steht für „**B**ones **A**nd **R**aw **F**ood" (Deutsch: „Knochen und rohes Futter"), aber auch für „**B**iological **A**ppropriate **R**aw **F**oods" (Deutsch: „**B**iologisch **A**ngemessenes **R**ohes **F**utter"). Im Deutschen hat sich der Begriff weitestgehend als Abkürzung für „Biologisch artgerechtes Futter" etabliert. Artgerecht – ein für uns im gesamten Ratgeber wichtiges Stichwort! Somit erkennen wir, dass die BARF-Ernährung der Grundphilosophie dieses Ratgebers entspricht. Sie hat das

---

[79] Winkler, S.: Kosmos Handbuch Hund, S. 132.
[80] Winkler, S.: Kosmos Handbuch Hund, S. 132.

Potenzial, das Leben des Hundes um zahlreiche Monate oder ein bis zwei Jahre zu verlängern. Denn im Gegensatz zum Trockenfutter sind die Futtermittel – bei einer hochwertigen Auswahl – mit der besten Nährstoffzusammensetzung und Verwertbarkeit der Nährstoffe versehen. Die in den folgenden Abschnitten vorgestellte BARF-Ernährung hat zudem den entscheidenden Vorteil, dass sie ein von Gerüchten und Mythen befreites Konzept vorstellt und den Hund nicht mit dem Wolf vergleicht, sondern ein eigenständiges Lebewesen in ihm sieht. Ein Lebewesen, das durchaus von Getreide, Obst und Gemüse profitiert. Aufgrund der umfassenden Nährstoffversorgung wird somit Darmerkrankungen vorgebeugt. Weiterhin werden Alterungsprozesse mit höherer Wahrscheinlichkeit hinausgezögert als bei einer rein fleischlichen Ernährung oder der Ernährung mit Trocken- und Dosenfutter.

4.2.1 Irrtümer über das Barfen

Der Großteil der Irrtümer über das Barfen ist auf einen falschen bzw. nicht vollständigen Vergleich der Ernährung von Wölfen und Hunden zurückzuführen. Einen wichtigen und selten bedachten Unterschied stellt die Tierärztin Julia Fritz in ihrem Buch *Hunde barfen* (2015) heraus: Bei der Ernährung des Wolfes gehe es hauptsächlich um den Erhaltungstrieb der eigenen Art, während bei von Menschen behüteten Hunden die Verlängerung der Lebensdauer im Vordergrund stehe. Ein Wolf würde sein Ziel erreichen, auch wenn er sich suboptimal ernähren würde. Denn auch bei einer suboptimalen Ernährung wäre er dennoch in der Lage, sich fortzupflanzen. Beim Hund hingegen überwiege das Ziel einer optimalen Ernährung zur Erhaltung der Gesundheit, weswegen die Verarbeitung und die Herkunft der Futtermittel ebenso eine Rolle spielen, wie die

Ernährung

hygienische Qualität und die Nährstoffzusammensetzung einer jeden Mahlzeit.[81]

Doch auch der Lebensstil ist zu beachten. Beim Wolf werden Ballaststoffe, die für die Magen-Darm-Flora essenziell sind und zu einer verbesserten Verdauung beitragen, selten bis gar nicht im Verdauungstrakt vorgefunden. Grund dafür ist, dass sie im Magen eines Jägers „überflüssig" sind.[82] Schließlich liefern sie keine Energie und tragen nicht zum Aufbau von Muskel- oder Knochenmasse bei. Proteinreiches Fleisch und das Fett aus dem Fleisch decken diese Aspekte wiederum ab. Weil Hunde keine Jäger sind und als Haustier einen ganz anderen Lebensstil haben als Wölfe, stellen Ballaststoffe für sie keine Belastung dar.

Typische Argumente der BARF-Anhänger, Wölfe würden in der Natur nicht an Getreidehalmen knabbern[83] und ebenso unpassend sei dies für Hunde, lassen sich als unberechtigt einstufen. Dies sagen nicht nur fachlich geprüfte Quellen, wie die soeben genannte. Vielmehr lässt sich dies nach einem Abgleich mit der Funktionsweise des Verdauungssystems aus Unterkapitel 4.1 gut nachvollziehen. Die größten Irrtümer vieler BARF-Anhänger bestehen demzufolge in falschen Annahmen über eine für den Hund geeignete Ernährung sowie eine mangelhafte Auseinandersetzung mit dem Verdauungstrakt des Hundes und somit der Natur des Hundes.

---

[81] Fritz, J. Dr. med. vet.: Hunde barfen – Alles über Rohfütterung, S. 7f.
[82] Fritz, J. Dr. med. vet.: Hunde barfen – Alles über Rohfütterung, S. 9.
[83] Böhm, S.: Rohfütterung für Hunde, S. 14.

4.2.2 Natürliche und rohe Nahrung für den Hund

Es gibt unterschiedliche Meinungen dazu, ob der Haushund der Gattung der Carnivore (Fleischfresser) angehört oder den Omnivoren (Allesfresser) zugeordnet werden kann. Viele Vertreter der Zuordnung zu den Fleischfressern berufen sich darauf, dass der Hund vom Wolf abstammt. Der Haushund hat sich über die Zeit, in der er domestiziert wurde, jedoch sehr an die Ernährung des Menschen angepasst.

Folglich kann auf dem Speiseplan des Hundes ein abwechslungsreicher Mix stehen, der nahezu alle Lebensmittelgruppen umfasst, von denen auch wir Menschen in der Ernährung Gebrauch machen. Im Zusammenhang damit sei nochmals betont, wie trostlos es für den Hund ist, wenn Besitzer ihnen immer dieselbe Sorte Trockenfutter zu fressen geben und keine Abwechslung in den Alltag integrieren. Sowohl für die Sensorik als auch für die Psyche und für eine ausreichende Versorgung mit Nährstoffen des Hundes ist dies der falsche Weg. Ein ausgewogener Speiseplan besteht aus Fleisch, Innereien, Knochen und wird um vielfältige weitere Futtermittel ergänzt.

4.2.2.1 Die Basis: Welche Fleisch-, Fisch- und Geflügelarten eignen sich?

Die empfehlenswertesten Fleischsorten sind das Rind- und Wildfleisch. Mit dem Erwerb dieser Fleischsorten erhalten Sie ein hochwertiges Fleisch, das preislich in einem akzeptablen Rahmen liegt.[84]

Dabei muss jedoch darauf geachtet werden, welche Bestandteile von Rind und Wild verfüttert werden darf bzw. sollte:

---

[84] Balzer, M.: Mein Hund gesund durch Frischfütterung, S. 72.

Ernährung

Fleischart	Geeignet	Ungeeignet
Rind (Fleisch)	• Rind • Kalb • Bulle • Färse • Kuh	• Stichfleisch von sämtlichen in der linken Spalte genannten Rindern
Rind (Innereien)	• Grüner Pansen • Blättermagen • Lunge • Euter	• Leber • Niere • Milz
Rind (Knochen)	• Kalbsbrustbein • Kalbsrippen	• Rinderbrustbein • Ochsenschwanz • Rinderbein • Rinderfuß • Sandknochen
Wild (Fleisch)	• Schalenwild • Niederwild	• Schwarzwild
Wild (Innereien)	• Siehe Rind	• Siehe Rind
Wild (Knochen)	• Siehe Rind	• Siehe Rind

Quelle: Mein Hund gesund durch Frischfütterung (2013)[85]

Neben diesen präferierten Fleischsorten kommen für die Ernährung des Hundes das Pferde-, Ziegen- und Geflügelfleisch infrage.

---

[85] Balzer, M.: Mein Hund gesund durch Frischfütterung, S. 73ff.

Eine Fütterung mit Pferdefleisch wird aufgrund des hohen Preises eher selten vorgenommen, allerdings weist das Fleisch von Pferden den Vorzug einer Allergenarmut auf. Eine Fütterung mit Pferdefleisch im Rahmen einer AD (Anschlussdiät bei Allergien) ist daher nicht selten. In den meisten Fällen dürfen jedoch keine Innereien des Pferdes an den Hund verfüttert werden.[86]

Hinsichtlich des Ziegenfleisches gilt, dass das Fleisch von sämtlichen Tieren verfüttert werden kann, die „ziegenartig" sind, wozu beispielsweise das Schaf, das Lamm, die Ziege selbst und der Gams gehören. Es dürfen dieselben Fleischabschnitte wie bei Rindern verfüttert werden und zusätzlich die Lammrippen als Knochen sowie die Innereien. Wichtiger Hinweis: Auf keinen Fall darf der Verdauungstrakt von Ziegen und „ziegenartigen" Tieren an den Hund verfüttert werden, da hier häufig Parasiten enthalten sind![87]

Zu guter Letzt ein Blick auf das Geflügelfleisch: Hier ist die Gefahr von Salmonellen zu beachten, die insbesondere mit zunehmendem Alter des Hundes eine Rolle spielt. Ein Unterbrechen von Kühlketten sollte beim Transport des Fleisches vermieden werden. Geeignete Knochen sind Hühner- und Putenhälse, zu vermeiden ist die Verfütterung von Putenflügeln und Putenkeulen.[88]

> **Hinweis!**
>
> Eine Fütterung mit Schweinefleisch und Fleisch vom Wildschwein sollte unterlassen werden. Das Fleisch könnte das Aujeszky-Virus enthalten, das eine Pseudowut verursachen kann.[89]

---

[86] Balzer, M.: Mein Hund gesund durch Frischfütterung, S. 78.
[87] Balzer, M.: Mein Hund gesund durch Frischfütterung, S. 77.
[88] Balzer, M.: Mein Hund gesund durch Frischfütterung, S. 79f.
[89] Böhm, S.: Rohfütterung für Hunde, S. 40.

Ernährung

Fischsorten landen eher selten auf dem Speiseplan des Hundes. Dabei mag der Preis bei vielen Hundehaltern eine Rolle spielen, aber ebenso ist es nicht weit verbreitet, dem Hund Fisch zu geben. Dennoch steht Fisch in Sachen Nährstoffgehalt und Verdaulichkeit dem Fleisch in nichts nach. Besonders hervorzuheben ist der hohe Gehalt an Omega-3-Fettsäuren, Eisen und dem für die Hormonproduktion wichtigen Jod. Vor allem fettreiche Seefische enthalten die genannten Nährstoffe.[90] Die Omega-3-Fettsäuren fördern das Herz-Kreislauf-System so vorteilhaft, wie es bei keiner Fleischsorte der Fall ist, da Fleisch keine Omega-3-Fettsäuren enthält. Die folgenden Fischsorten gelten aufgrund des minimalen Umwelteinflusses und der guten Zucht als unbedenklich und für den Hund empfehlenswert:

- Alaska-Seelachs
- Garnele
- Kabeljau
- Heilbutt
- Lachs, Alaska
- Seehecht
- Seelachs, Köhler
- Thunfisch, Weißer
- Zander
- Lachs, Bio-Zucht
- Forelle, Bio-Zucht
- Pangasius, Bio-Zucht
- Tilapia, Bio-Zucht
- Garnele (Shrimp), Bio-Zucht
- Wolfsbarsch, Bio-Zucht
- Dorade, Bio-Zucht
- Karpfen

---

[90] Fritz, J. Dr. med. vet.: Hunde barfen – Alles über Rohfütterung, S. 61.

- Sardine
- Sprotte
- Makrele

Quelle: Mein Hund gesund durch Frischfütterung (2013)[91]

Zu beachten sind hierbei auch die Fanggebiete, wobei das MSC-Gütezeichen ein gutes Signal für eine hohe Qualität ist. Fisch sollte dem Hund stets gegart angeboten werden, weil durch das Garen das Enzym Thiaminase zerstört wird, das ansonsten die Aufnahme des Vitamins B1 im Hundekörper verhindern würde.[92]

4.2.2.2 Die Ergänzung: Was darf sonst noch auf den Speiseplan des Hundes?

Als Ergänzung zu Fleisch, Fisch und Geflügel darf dem Hund eine erlesene Auswahl aus der Welt der Lebensmittel geboten werden: Von Obst und Gemüse über Milch und Milchprodukte bis hin zum Getreide darf flexibel ausgesucht werden. Aber dabei ist Vorsicht geboten: Denn es existieren Lebensmittel, die für den Hund giftig oder nicht verträglich sind. Über diese Lebensmittel werden Sie in Abschnitt 4.3 aufgeklärt. Zunächst fahren wir mit dem fort, was den Speiseplan des Hundes bereichern darf.

Obst und Gemüse

Die Sorten Obst und Gemüse, die erlaubt sind, müssen dem Hund püriert oder angedünstet gegeben werden. Andernfalls sind diese Lebensmittel für den Verdauungstrakt des Hundes

---

[91] Balzer, M.: Mein Hund gesund durch Frischfütterung, S. 81.
[92] Balzer, M.: Mein Hund gesund durch Frischfütterung, S. 80.

Ernährung

nicht verwertbar. Zu bevorzugen ist das Pürieren, denn beim Dünsten gehen Vitamine verloren.[93]

Die folgenden Obst- und Gemüsesorten dürfen verfüttert werden:

- Apfel
- Aprikose
- Artischocke
- Banane
- Birne
- Blattsalat
- Brombeere
- Chicorée
- Erdbeere
- Fenchel
- Heidelbeere
- Himbeere
- Johannisbeere
- Kirsche
- Kürbis
- Mirabelle
- Möhre
- Nektarine
- Pfirsich
- Pflaume
- Preiselbeere
- Rübe
- Salatgurke
- Sellerie
- Zucchini

---

[93] Böhm, S.: Rohfütterung für Hunde, S. 38.

Hinweis!

Die Kerne vom Obst dürfen auf keinen Fall an Hunde mitverfüttert werden, da in diesen Blausäure enthalten ist, die für den Hund tödlich sein kann. Auch außerhalb des Speiseplanes – im Garten und in der Natur – ist die Aufnahme von Obstkernen durch den Hund zu vermeiden.

Hinzu kommen Tomaten und Spargel, die allerdings nur in sehr reifem Zustand und in geringen Mengen verfüttert werden sollten. Darüber hinaus dürfen Kartoffeln, aufgrund einer ansonsten giftigen Wirkung, nur gekocht verfüttert werden. Sind sie gekocht, dann sind sie für den Hund wiederum eine willkommene Quelle für Kohlenhydrate. Des Weiteren ist bei Kresse zu beachten, dass nur Tiefkühl-Kresse verfüttert werden sollte.[94]

Milch und Milchprodukte

Die Verdaulichkeit von Milch und Milchprodukten ist von der Enzymaktivität zur Verdauung des Milchzuckers abhängig. Es gilt: Je jünger der Hund, desto aktiver ist das erforderliche Enzym und umso höher darf der Laktose-Gehalt der verfütterten Milch und Milchprodukte sein. Je älter der Hund ist, desto geringer ist die Aktivität des erforderlichen Enzyms und umso geringer sollte der Laktose-Gehalt der verfütterten Milch und Milchprodukte sein. Milch und Milchprodukte sind grundsätzlich eine gute Eiweißquelle und versorgen den Organismus des Hundes darüber hinaus mit Mineralstoffen und Vitaminen. Als Calciumquelle sind Milch und Milchprodukte zwar

---

[94] Böhm, S.: Rohfütterung für Hunde, S. 38f.

Ernährung

geeignet, aber sie decken den Bedarf des Hundekörpers nach diesem Mikronährstoff nicht ausreichend.[95]

Die folgende Tabelle informiert Sie darüber, wie hoch der Laktose-Gehalt einzelner Lebensmittel ist. Dadurch werden Sie in der Lage sein, die Lebensmittel mit einem geringen oder hohen Laktose-Gehalt zu unterscheiden und den Bedürfnissen des Hundes entsprechend im Nahrungsplan zu integrieren.

Lebensmittel	Laktose-Gehalt in Gramm pro 100 g bzw. 100 ml
Käse (z. B. Parmesan, Feta)	0,1 – 0,5
Sahne, Joghurt, Quark, Hüttenkäse, Frischkäse	3 – 3,5
Buttermilch, Kaffeesahne	4
Milch, Molke	5
Kondensmilch	10

Quelle: Hunde barfen – Alles über Rohfütterung (2015)[96]

Getreide

Ein umstrittenes Thema, aber durchaus eine Erwägung zur Integration in den Speiseplan wert, ist das Thema „Getreide". Viele Hundehalter berufen sich an dieser Stelle auf Allergieerscheinungen des Hundes bei der Fütterung mit Getreide. Was dabei allerdings nicht bedacht wird, ist, das die Allergien der Auswahl der falschen Getreidesorte oder einer falschen Zubereitung der Getreidesorten geschuldet sein können. Die Ursa-

---

[95] Fritz, J. Dr. med. vet.: Hunde barfen – Alles über Rohfütterung, S. 61.
[96] Fritz, J. Dr. med. vet.: Hunde barfen – Alles über Rohfütterung, S. 61.

che der falschen Zubereitung kann, z. B. im Falle einer Fütterung mit Trockenfutter, in der industriellen Verarbeitung und der Anwendung von Zusatzstoffen liegen.

Von Natur aus bringt der Hund gute Eigenschaften zur Verdauung und Verwertung von Getreide mit. Getreide besteht zu mehr als der Hälfte aus Stärke. Für Stärke besitzt der Hund eine hohe Verdauungskapazität. Diese geht sogar so weit, dass zwei Drittel der Nahrungsaufnahme aus Stärke bestehen können.[97]

Die Tierärztin Julia Fritz bezeichnet in ihrem Buch *Hunde barfen* (2015) Getreide als Grundnahrungsmittel für Hunde und tut die weitläufige Behauptung, Getreide sei nur ein billiger und nicht verwertbarer Füllstoff, als Mythos ab. Sie belegt dies anhand der zuvor geschilderten guten Verdaulichkeit von Stärke für den Hundeorganismus und führt die Anpassung des Hundes an eine stärkehaltige Ernährung nochmals als zentralen Unterschied zum häufigen Vergleichstier Wolf an.[98]

Folgende Getreidesorten werden als für den Hundeorganismus geeignet angesehen:

- Dinkel
- Reis
- Kamut
- Hafer
- Hirse

---

[97] Fritz, J. Dr. med. vet.: Hunde barfen – Alles über Rohfütterung, S. 10.
[98] Fritz, J. Dr. med. vet.: Hunde barfen – Alles über Rohfütterung, S. 66.

Quelle: Mein Hund gesund durch Frischfütterung (2013)[99]

Die Vorteile einer getreidehaltigen Ernährung bestehen u. a. in einer verbesserten Bildung von Schleimstoffen, einem hohen Gehalt an Vitaminen und Mineralstoffen und einer verbesserten Darmgesundheit durch die im Getreide enthaltenen Ballaststoffe.[100] Ein geringes, aber gesundheitlich nicht bedrohliches Risiko einer Getreidefütterung besteht in einer Unverträglichkeit des Organismus gegen Gluten. Bisher wurde eine Gluten-Unverträglichkeit jedoch nur bei der Rasse Irish Setter festgestellt.[101]

Öle

Der Hauptgrund für die Anreicherung des Futters mit Ölen liegt im Gehalt an essenziellen Fettsäuren, weil diese für die Herz- und Gefäßgesundheit des Hundes sowie die Verwertung von Vitaminen innerhalb des Hundekörpers wesentlich sind. Dabei ist die Menge der Öle und deren Einfluss auf die Kalorienzufuhr zu beachten. Neben den Fettsäuren enthalten Öle gesundheitlich wertvolle Vitamine. Öle sollten vor allem in der Kombination mit frischem Gemüse gegeben werden. Es existieren Öle, die gesundheitlich unbedenklich sind, und Öle, die aufgrund von Risiken zu meiden sind:

Erlaubt (immer kalt gepresst)	Verboten
Olivenöl	Sonnenblumenöl (Veränderungen des Erbgutes sind möglich)

---

[99] Balzer, M.: Mein Hund gesund durch Frischfütterung, S. 90.
[100] Balzer, M.: Mein Hund gesund durch Frischfütterung, S. 90.
[101] Fritz, J. Dr. med. vet.: Hunde barfen – Alles über Rohfütterung, S. 66.

Hanföl	Distelöl (steigert potenziell das Krebsrisiko)
Reiskeimöl	Maiskeimöl (steigert potenziell das Krebsrisiko)
Leinöl	
Weizenkeimöl	
Rapsöl	
Lachsöl	

Quelle: Futterfibel – Hunde gesund ernähren (2013)[102]

Alle anderen Öle (z. B. Walnussöl, Avocadoöl) sind vorsichtshalber aufgrund des unzureichenden Kenntnisstandes über die Wirkung im Organismus des Hundes zu meiden.

4.2.2.3 Kenntnisse erweitern und immer auf dem Laufenden bleiben!

Letztlich ist die Lebensmittelvielfalt, aus der bei der Fütterung des Hundes geschöpft werden kann, breit gefächerter, als so manch ein Hundebesitzer zu glauben vermag. Halten Sie sich regelmäßig auf dem Laufenden, indem Sie sich stets über die neuesten wissenschaftlichen und praktischen Erkenntnisse bezüglich der Ernährung von Hunden informieren. Nutzen Sie dafür Gespräche mit Fachpersonen, wie z. B. Ihrem Tierarzt, und lesen Sie Fachbücher. Erweitern Sie in erster Linie die durch dieses Buch erlangten Kenntnisse. Denn neben den bereits genannten Futtermitteln können auch Eier, Kräuter, Gewürze und weitere Nährstoffquellen in den Speiseplan Ihres Hundes integriert werden. Letztlich sollte die Zusammenstellung des Futters ein Mix sein, der den körperlichen Bedürfnissen des Hundes gerecht wird und ihm geschmacklich zusagt.

---

[102] Gelhaus, N.: Futterfibel – Hunde gesund ernähren, S. 21f.

4.3 Achtung: Diese Futtermittel sind verboten!

Welche Futtermittel für den Hund verboten sind, leitet sich aus den darin enthaltenen Zusatzstoffen ab. Zunächst sollte nichts an den Hund verfüttert werden, was für den Menschen giftig oder anderweitig schädlich ist und nicht speziell für Hunde bestimmt ist. Darüber hinaus existieren Nahrungsmittel, die für uns Menschen geeignet oder gesund sind, aber beim Hund eine schädliche Wirkung auf den Organismus haben.

Unter Früchten und Obst dürfen keine Avocados, Rosinen und Weintrauben verfüttert werden. Während Avocados Persin enthalten, das den Herzmuskel schädigen kann, ist bei Rosinen und Weintrauben das Risiko schwerwiegender Vergiftungen samt Nierenversagen und Todesfolgen gegeben. Wieso Weintrauben und Rosinen eine giftige Wirkung im Körper des Hundes entfalten, ist bis heute nicht geklärt. Vereinzelt existieren Hunde, die eine Verdaulichkeit aufweisen, aber ein Risiko sollte nicht eingegangen werden.[103]

Zum Gemüse, das nicht verfüttert werden darf, gehören folgende Sorten:

Gemüsegruppe	Gemüsesorte	Anmerkungen
Nachtschattengewächse	Auberginen Paprika Rohe Kartoffeln Feste/unreife Tomaten	Das enthaltene Solanin wirkt giftig auf den Hund und führt bei hohen Mengen zu Zittern, Schwächegefühl, Atemnot und Lähmungen.

---

[103] Fritz, J. Dr. med. vet.: Hunde barfen – Alles über Rohfütterung, S. 74f.

Zwiebelgewächse	Lauch	Auch hier ist der Ge-
	Porree	halt an Solanin kritisch
	Frühlingszwiebeln	zu bewerten. Eine angeblich präventive Wirkung von Knoblauch gegen Parasiten existiert nicht.
	Schalotten	
	Knoblauch	
Kohlarten	Blumenkohl	Diese Gemüsesorten sind schwer verdaulich und in der Regel blähungs- sowie krampffördernd. In gekochtem Zustand und in geringen Mengen sind sie jedoch verträglich.
	Rosenkohl	
	Brokkoli	
	Kohlrabi	
	Blattkohl	
	Wirsing	

Quelle: Rohfütterung für Hunde (2016)[104]

Hülsenfrüchte und Nüsse sollten grundsätzlich vermieden werden, auch wenn sie von einigen Hunden gut vertragen werden. Darüber hinaus wirken Macadamianüsse definitiv giftig, wobei der Grund dafür unbekannt ist.

Mittlerweile ist es vielen Hundehaltern bekannt, dass Schokolade, Koffein und Zuckeraustuschstoffe definitiv ungesund für Hunde sind. Schokolade enthält Theobromin, das schwere Vergiftungen, ggf. sogar mit Todesfolge, im Hundeorganismus verursachen kann. Theobromin führt u. a. zu Unruhe, Fieber, Durchfall, Erbrechen und einer beschleunigten Atmung. Die gleichen Symptome werden von Koffein verursacht. Zuckerersatzstoffe, wozu Zuckeralkohole (z. B. Xylit, Erythrit) und die industriell hergestellten Süßstoffe gehören, führen bei Hunden

---

[104] Böhm, S.: Rohfütterung für Hunde, S. 40.

Ernährung

zu einer starken Unterzuckerung oder anderen gesundheitlichen Problemen bzw. Notfällen.[105]

Bei nahezu allen genannten verbotenen Futtermitteln für den Hund kommt es auf die Dosis an, ob eine sich eine giftige Wirkung entwickelt. Geraten Sie nicht in Panik, wenn Ihr Hund versehentlich eines der genannten Futtermittel zu sich nimmt, aber nehmen Sie die Situation ernst und beobachten Sie Ihren Hund. Kontaktieren Sie direkt Ihren Tierarzt und sprechen Sie mit ihm über den Vorfall sowie über ggf. vorhandene Anzeichen/Veränderungen. Es wird empfohlen, dass Sie Ihren Hund genau beobachten, wenn Sie sich mit ihm auf Spaziergängen in der Natur befinden und die Möglichkeit besteht, dass er die genannten schädlichen Nahrungsmittel dort aufnehmen könnte. Achten Sie zudem darauf, eventuelle Gefahrenquellen im Haushalt zu entfernen.

4.4 Fazit

Am kompaktesten lässt sich die ideale Ernährung für den Hund anhand folgender Parameter zusammenfassen: Erstens liebt der Hund Abwechslung und verdient diese in seinem Speiseplan. Zweitens ist hochwertiges Trocken- und Dosenfutter auszuwählen, wobei die Zutatenlisten und die Zusammensetzung des Futters genau zu studieren sind. Drittens ist eine natürliche und rohe Ernährung das Beste für den Hund, sofern verbotene Lebensmittel gemieden werden und Fleisch und Fisch die Basis der Mahlzeiten bilden. Eine Umgewöhnung des Hundes von Dosen- oder Trockenfutter zu komplett frischer und roher Kost kann mit unbedenklichen, aber ggf. unangenehmen Entgiftungserscheinungen einhergehen und sollte nicht radikal

---

[105] Fritz, J. Dr. med. vet.: Hunde barfen – Alles über Rohfütterung, S. 75f.

erfolgen. Ist die Umstellung auf natürliche Kost für Sie mit zu vielen Mühen verbunden, dann besteht zu einer kompletten Umstellung keine Notwendigkeit. Aber ein Minimum, das Sie Ihrem Vierbeiner schulden und was dieser von Ihnen verdient, ist die gelegentliche Abwechslung zum Trocken- und Dosenfutter. Denn es ist sehr wahrscheinlich, dass diese Futtermittel, selbst in höchster Qualität, nicht zu 100 % die Bandbreite der für den Hund gesundheitlich vorteilhaften Nährstoffe abdeckt. Letztlich sind es bei der Ernährung die Kleinigkeiten, die zumindest durch eine etwas moderate Abwechslung im Speiseplan darüber entscheiden können, ob sich das Leben des Hundes um einen gewissen, nicht präzise definierbaren, Zeitraum verlängert oder nicht.

Schlusswort

Das Leben Ihres Hundes gesund zu gestalten, ist das Einzige, was Ihnen bleibt, um die Lebensdauer optimieren zu können. Vermutlich waren Sie während des Lesens erstaunt, dass dieser Ratgeber zur Verlängerung des Hundelebens keine spektakulären Erkenntnisse hervorbrachte? In diesem Fall sei Ihnen eines versichert: Es gibt keine bekannten und aktuell erforschten Geheimtricks zur Lebensverlängerung. Auch gibt es keine feste Formel, die sich präzise zur Umsetzung formulieren lässt. Die Regeln für eine ideale Gesundheit sind nicht starr und es lassen sich keine Garantien aussprechen. Letztlich kommt es nur darauf an, dass Sie die Liebe zu Ihrem Vierbeiner in Form von Maßnahmen zu einem gesunden Lebenswandel ausdrücken. Diese Maßnahmen betreffen die ausführlich erörterten Bereiche Pflege und Prävention, artgerechte Beschäftigung, artgerechte Ernährung.

Ihre Bereitschaft, Ihre bisherigen Defizite zu beseitigen und an deren Stelle eine vorbildliche Hundehaltung zu setzen, entscheidet darüber, wie hoch die Wahrscheinlichkeit Ihres Hundes auf ein langes Leben ist. Fühlen Sie sich nicht gezwungen, von heute auf morgen alles zu verändern. Dies ist kaum möglich, ohne dass Sie oder der Hund in Stress geraten. Bei Hunden ist es mit Gewohnheiten wie bei Menschen. Gewohnheiten sind tief im Unterbewusstsein verwurzelt. Eine Umstellung ist schwierig. Gehen Sie die einzelnen Bereiche daher Schritt für Schritt an. Von Vorteil ist, dass die Bereiche eng miteinander verknüpft sind. Wenn Sie beispielsweise die Ernährung des Hundes umstellen, wird dessen körperliche Leistungsfähigkeit zunehmen, was wiederum zu einer Verbesserung der Umsetzung von Aktivitäten führt. Ihr Hund wird glücklicher und ausgeglichener sein und Ihnen noch mehr Liebe entgegenbringen, was auch in Ihnen, als Hundehalter, Zufriedenheit und Ausgeglichenheit hervorruft.

Schlussendlich ist neben der Lebensverlängerung die Lebensqualität in die Gesamtrechnung mit einzubeziehen: Was bringt eine gesteigerte Lebensdauer, wenn dafür die Lebensqualität zurückgeht? Zum Glück erhalten Sie durch die Umsetzung der in diesem Ratgeber vermittelten Tipps auch eine Steigerung der Lebensqualität Ihres Hundes.

Was gibt es Besseres, als mit der Erreichung eines Zieles – der Lebensverlängerung des Hundes – gleich mehrere Ziele zu erreichen?

Fangen Sie also an, kleine Änderungen im Leben Ihres Hundes zu integrieren. Schätzen Sie die kleinen Details, durch die Ihr Hund Ihren Alltag zu Lebzeiten bereichert. Denn ewig leben wird er nicht. Nutzen Sie also die gegebene Zeit!

Quellenverzeichnis

Literatur-Quellen:

Adler, Y.; Braun, G.; Gansloßer, U.: *Allzu viel ist ungesund – Hunde-Beschäftigung und ihre notwendigen Grenzen*. Stuttgart: Müller Rüschlikon Verlag, 2017. 1. Auflage.

Alles für den Hund. München: Dorling Kindersley Verlag GmbH, 2014.

Balzer, M.: *Mein Hund gesund durch Frischfütterung*. Stuttgart: Müller Rüschlikon Verlag, 2013. 1. Auflage.

Böhm, S.: *Rohfütterung für Hunde*. Schwarzenbek: Cadmos Verlag, 2016.

Bloch, G.; Radinger, E. H.: *Affe trifft Wolf – Dominieren statt kooperieren? Die Mensch-Hund-Beziehung*. Stuttgart: Franckh-Kosmos Verlags-GmbH & Co. KG, 2012.

Freiling, K. P.: *Entspannungstraining für Hunde*. Schwarzenbek: Cadmos Verlag, 2015.

Fritz, J. Dr. med. vet.: *Hunde barfen – Alles über Rohfütterung*. Stuttgart: Eugen Ulmer KG, 2015.

Gelhaus, N.: *Futterfibel – Hunde gesund ernähren*. Reutlingen: Oertel+Spörer Verlags-GmbH + Co. KG, 2013.

Hoffmann, A.: *Futter gibt's nur von mir – So lässt Ihr Hund jeden Giftköder liegen*. Stuttgart: Müller Rüschlikon Verlag, 2016. 1. Auflage.

Ludwig, G.: *Das große GU Praxishandbuch Hunde*. München: GRÄFE UND UNZER VERLAG GmbH, 2004. 1. Auflage.

Rousselet-Blanc, P.: *Alles über Hunde*. Stuttgart: Eugen Ulmer KG, 2008.

Winkler, S.: *Kosmos Handbuch Hund*. Stuttgart: Franckh-Kosmos Verlags-GmbH, 2008.

Wynne, C.: *… und wenn es doch Liebe ist? – Neues zur Hund-Mensch-Beziehung*. Nerdlen: Kynos Verlag Dr. Dieter Fleig GmbH, 2019.

Online-Quellen:

https://www.haz.de/Nachrichten/Wissen/Uebersicht/Kann-Kollege-Hund-einen-Burn-out-verhindern

https://science.sciencemag.org/content/348/6232/333

https://www.sciencedaily.com/releases/2018/03/180312085045.htm

https://www.welt.de/print-welt/article495253/Das-Wesen-des-Hundes-aehnelt-dem-des-Menschen.html

https://www.spiegel.de/wissenschaft/mensch/vererbung-und-erziehung-wie-eltern-ihre-kinder-praegen-a-325984.html

https://www.kosmo.at/der-hund-ist-der-spiegel-seines-besitzers/

Quellenverzeichnis

https://www.welt.de/vermischtes/article3821198/Natascha-aufgewachsen-unter-Hunden-und-Katzen.html

https://www.spiegel.de/wissenschaft/natur/hund-und-mensch-kuschelhormon-oxytocin-staerkt-die-bindung-a-1029010.html

https://royalsocietypublishing.org/doi/full/10.1098/rspb.2017.1883#sec-9

https://www.test.de/VKI-Test-Hundespielzeug-enthaelt-Weichmacher-4633906-0/

https://focus-arztsuche.de/magazin/krankheiten/tollwut-impfung-und-symptome

www.ingramcontent.com/pod-product-compliance
Lightning Source LLC
Chambersburg PA
CBHW071349080526
44587CB00017B/3025